구석구석
박물관

일러두기
1. 이 책에 나온 유물 이름은 국립중앙박물관 및 소장 박물관의 누리집 표기를 따랐습니다.
2. 소장 박물관이 표기되지 않은 유물은 국립중앙박물관 소장 유물입니다.
3. 전시된 유물은 종종 교체되기도 하고, 외부로 빌려주기도 하고, 전시실을 바꾸기도 하여 책에 나온 모습과 전시실의 모습이 달라질 수 있습니다.
4. 책 이름은 「 」, 미술 작품 이름은 〈 〉, 화첩 이름은 ≪ ≫ 로 표시했습니다.

국립중앙박물관 역사관

구석구석 박물관

박찬희 글 · 장경혜 그림

빨간소금

머리말

안녕하세요.
여러분을 박물관으로 안내할
보또보 선생님 박찬희예요.

 저는 박물관에 가면 힘이 솟고 신나요. 그래서 역사와 유물을 공부하고 11년 동안 박물관에서 일했어요. 박물관에서 일할 때 전시를 시작하면 박물관에 오는 여러 관람객들을 만나서 전시 이야기를 들려주곤 했어요. 시간 가는 줄 모르고 말하다 보면 한두 시간이 훌쩍 지나갔어요. 이야기를 끝낸 뒤 관람객들이 "재미있어요."라는 말을 건네면 어깨가 으쓱거렸죠.
 토기를 주제로 한 전시를 할 때였어요. 국립중앙박물관에서 유명한 기마인물형 토기를 빌려왔어요. 마침 관람 감상문을 공모했는데 글쎄 학생들 대부분이 이 작품에 대해 빠뜨리지 않고 감상을 적었어요. 게다가 대부분 "사실적이다."라고 비슷한 감상을 써서 무척 놀랐어요. 가끔 유물에는 관심 없다는 듯 지나치는 사람을 보고 아쉬운 마음도 들었어요.

그때부터 고민을 시작했어요. '자기의 눈으로 박물관과 유물을 보면 더 좋을 텐데……. 박물관이 즐거운 놀이터가 되는 방법은 뭘까?' 하고요. 아이들과 박물관으로, 유적지로 답사를 다녔던 일이나 박물관을 그만두고 아이를 키운 경험도 고민을 해결하는 데 큰 도움을 주었어요. 아이들과 노는 법을 배웠고 지금도 배우고 있거든요.

제가 첫 번째 박물관 놀이터로 꼽은 곳은 국립중앙박물관이에요. 우리나라 대표 박물관으로, 살면서 누구나 한 번쯤은 가 봤거나 가 보고 싶어 해요. 규모도 가장 크고 널리 알려진 유물도 엄청 많아요. 학교에서 체험학습으로 가기도 하고 엄마 아빠랑 같이 가기도 해요. 주말이면 여러 곳에서 온 사람들로 발 디딜 틈 없이 북적거려요.

선생님은 이 책에서 국립중앙박물관에 대한 많은 지식보다 박물관과 유물을 보는 여러 가지 방법을 말해 주고 싶었어요. "이렇게 보면 재미있지 않을까?" 하고요. 그런데 이 책도 갑자기 박물관이 흥미로워지는 마법을 부리지 못해요. 여러분의 눈 끝에서, 발 끝에서, 마음 끝에서 마법이 완성되거든요.

여러분이 100명이라면 100개의 박물관이 있어요. 국립중앙박물관은 한 곳이지만 여러분 눈으로 보면 여러분의 박물관이 되는 거니까요. 이게 박물관에서 놀 줄 아는 게 아닐까요? 박물관이 공부하는 곳 이전에 즐기는 곳이 되었으면 좋겠어요. 더불어 어른들에게도 아이들 때문이 아니라 자신을 위해 가는 곳이기를 바라요.

여러분, 이제 저와 함께 떠날 준비됐나요?

추천사

스스로 물고기를 낚는 방법

　인류가 문명을 발전시켜 오면서 남긴 모든 경험의 증거를 살뜰히 모아 보관하는 곳이 '박물관'이에요. 박물관이 하는 중요한 일 가운데 하나는 그 수많은 증거를 파헤쳐 옛 모습을 다시 살피고 그 속에서 지혜를 얻는 것이죠. 때문에 박물관에서는 많은 연구자들이 이러한 일에 매달려 유물 하나하나의 의미와 가치를 발견하는 데 많은 시간을 쏟고 있어요. 무척 매력적이기는 하지만, 쉽지 않은 이 일을 별다른 의심 없이 학자나 전문 연구자들만 하는 것이라고 생각해 버리기 쉬워요. 그런데 과연 그럴까요, 아니 꼭 그래야만 할까요?

　이 책은 박물관을 찾아 전시를 관람하거나 교육 프로그램을 수강하는 사람들이 박물관에 전시된 여러 유물을 스스로 살피고 자기 생각을 키우는 방법, 그래서 박물관과 그 소장품을 제대로 즐기는 방법, 나아가 박물관을 여러 사람들의 생각이 만나는 곳으로 만드는 방법을 고민하고 있어요. 이제까지 나온 책들이 주로 박물관이 제공하는 정해진 지식을 소개하고 알리는 일에 그친 것에 비하면 이 책의 시도는 신선하고, 또 파격적이에요.

　이 책은 한국을 대표하는 박물관인 국립중앙박물관을 대상으로 삼았어요. 박물관 1층의 구석기실부터 대한제국실까지 시대 순으로 독자들을 안내해요. 기존의 박물관 안내서들과 같은 점은 여기까지예요. 이 책은 첫 전시실인 구석기실에서 먼저 유물을 '제대로' 보는 방법에 대해 이야기해요. 이어지는 전시실들은 각 시대에 대한 구체적인 내용뿐만 아니라, 각각의 유물을 제대로 보기 위한 방법들을 알려 주는 흥미로운 교실이 돼요. 전시실 별로 '추리하기', '비교하기', '의심하기,' '연관 지어 생각해 보기', '같은 점과 다른 점 찾아보기', '흐름 찾기', '뜯어보기' 등의 구체적인 방법을 주의깊게 살피고, 전시된 유물에 대해 스스로 생각하는 방법을 체험해 알 수 있도록 해요. 결국 관람객 앞에 놓인 유물과 직접 이야기하는 방법을 보여 주고 있어요.

  이 책의 가장 큰 장점은 관람객 스스로가 자세하게 관찰하고 깊게 생각해 유물을 만든 사람, 사용한 사람, 또 그들이 살던 시대의 생각과 삶의 다양한 모습을 직접 찾아 나설 수 있다는 걸 보여 준다는 점이에요. 21세기에 접어든 오늘날 박물관은 더 이상 일방적으로 지식을 전달하는 곳에 머물지 않아요. 박물관 연구원이나 학자들이 알려 주는 지식은 바뀔 수 있어요. 앞으로 박물관은 인류의 여러 유산을 바탕으로 사람들의 생각과 생각이 만나서 더 나은 지식과 지혜를 찾아 이야기를 나누는 곳으로 바뀌어야 해요. 관람객이 이러한 과정에 참여하는 방법을, 이 책은 친절하게 소개하고 있어요.

장상훈, 국립중앙박물관 전시과장

차례

 1부 국립중앙박물관 돌아보기

박물관 돌아보기1
01 박물관 건물에는 어떤 뜻이 담겨 있을까? · 12
박물관 깊이 보기 ❶ 전시를 즐겁게 관람하는 법

박물관 돌아보기2
02 청자정은 누가 만들었을까? · 24
박물관 깊이 보기 ❷ 국립중앙박물관 다양하게 즐기기

박물관 돌아보기3
03 전시는 어떻게 이루어질까? · 34

 2부 국립중앙박물관 선사·고대관

선사관 입구-질문하기
04 반구대 암각화를 제대로 보려면 어떻게 해야 할까? · 42
박물관 깊이 보기 ❸ 유물의 이름은 어떻게 지을까?

구석기실-추적하기
05 주먹 도끼는 어떻게 박물관에 왔을까? · 52

신석기실-추리하기
06 빗살무늬는 왜 그렸을까? · 60

청동기·고조선실-확장하기
07 농경문 청동기에서 무엇을 읽어 낼 수 있을까? · 68

청동기·고조선실-의심하기
08 고조선을 얼마나 알고 있을까? · 76

부여·삼한실-다른 자료 활용하기
09 녹슨 철기를 다시 살려 볼까? · 84

부여·삼한실-지도 읽기
10 역사 지도를 어떻게 볼까? · 92

고구려실-기록 읽기
11 유물에 남아 있는 기록이 왜 중요할까? · 98
박물관 깊이 보기 ❹ 유물을 지켜라

3부 국립중앙박물관 중·근세관

백제실-발굴의 역할 살펴보기
12 발굴은 백제 역사를 어떻게 바꾸었을까? · 108

가야실-출토 지역 찾아보기
13 이 유물들의 고향은 어디일까? · 116

신라실-먼 나라 떠올리기
14 우리나라에서 발견되었다고 우리가 만든 것일까? · 124

신라실-비교하기
15 이 토기들은 뭐가 같고 뭐가 다를까? · 130
박물관 깊이 보기 ❺ 유물도 아프다고?

신라실-다양한 기록 읽기
16 무엇이 역사 자료가 될까? · 140

신라실-연관성 찾기
17 두 수막새에는 어떤 연관성이 있을까? · 148

통일신라실-내 눈으로 보기
18 석굴암은 정말 최고의 유물일까? · 154

발해실-전시실 활용하기
19 낯선 발해와 친해지는 방법은? · 160

고려1실-공간을 상상하기
20 지도와 유물로 개성 여행하기 · 170

고려1실-거꾸로 생각하기
21 고려청자는 누가 만들고 누가 썼을까? · 178

고려2실-본래 의미 찾기
22 부처가 절에 가면 어떤 모습일까? · 186
박물관 깊이 보기 ❻ 박물관의 보물 창고, 수장고

고려2실-사람들의 연관성 찾기
23 이 유물들은 어떤 관계일까?? · 196

조선·대한제국실(복도)-뜯어보기
24 동궐도 재미있게 보기 · 202

15세기실-폭넓게 파고들기
25 왜 책을 이렇게 많이 전시했을까? · 208

15세기실-현재와 연결하기
26 앙부일구는 어떻게 변해 왔을까? · 216

임진왜란·병자호란실-연관 박물관 찾기
27 임진왜란에 대해 더 자세히 알고 싶으면? · 222

18, 19세기실-다양한 방법으로 시대 읽기
28 조선 후기 사람들은 어떻게 살았을까? · 230

18, 19세기실-역사하기
29 대동여지도를 가지고 놀아 볼까? · 236

대한제국실-생각 넓히기
30 박물관에는 어떤 유물이 전시될까? · 244

참고 도서·252
사진 제공·255

1부
우리나라 대표 박물관 국립중앙박물관

국립중앙박물관 건물에는 어떤 뜻이 담겨 있고
건물은 어떻게 구성되었는지,
전시는 어떻게 이루어지는지 알아보자.

01 박물관 돌아보기1

박물관 건물에는 어떤 뜻이 담겨 있을까?

우리나라 대표 박물관인 국립중앙박물관

"우아, 넓다! 크다!"

"와, 빨리 가자!"

"여기가 바로 우리나라 대표 박물관....... 얘들아, 내 말 듣고 가야지!"

"선생님, 전 여기 있어요!"

우리나라 사람들이 가장 많이 찾는 박물관은 어디일까요? 바로 서울 용산에 있는 국립중앙박물관이죠. 이 책을 읽는 여러분도 가족이나 친구들과 함께 가 본 적이 있을지도 몰라요. 가 본 적이 없다고 해도 들어는 봤죠? 이 박물관은 외국 사람들에게도 인기 만점이에요. 박물관에 가면 전시된 유물들을 뚫어지게 관람하는 외국인들을 종종 만날 수 있어요.

왜 많은 사람들이 이곳을 찾는 걸까요? 국립중앙박물관이 바로 우리나라를 대표하는 박물관이기 때문이죠. 우리나라에서 가장 오랜 역사를 가진 박물관이기도 하고요. 또 이름에 걸맞게 우리나라에서 가장 많은 유물을 소장하고 있어요. 그 수가 무려 38만 점이나 된다고 해요. 주로 선사 시대부터 일제 강점기까지의 유물들이 전국 각지에서 선발되어 왔고, 외국에서도 왔어요. 그 가운데에는 금동 반가사유상이나 김홍도의 〈서당〉 그림 같은 우리나라를 대표하는 국가 대표급 문화재들도 많아요.

상설전시관은 모두 3층으로 구성되었어요. 1층은 선사 시대부터 대한 제국까지 우리나라의 역사를 한눈에 볼 수 있도록 꾸몄죠. 2층과 3층에서는 회화, 불교 조각, 공예, 도자기 같은 옛 미술 작품들을 볼 수 있어요. 아울러 중국이나 일본을 비롯한 아시아의 유물들을 볼 수 있어 아시아 문화 여행도 가능해요. 건물 밖에도 돌로 만들어진 탑이나 석등 같은 유물들이 곳곳에 자리 잡았어요. 기획전시실에서는 일 년에 몇 차례씩 특별한 주제로 전시가 열려요. 한마디로 박물관 종합 선물 세트 같은 곳이에요.

그럼 지금부터 선생님과 함께 국립중앙박물관으로 떠나 볼까요?

국립중앙박물관을 제대로 보려면 남문으로 들어가야 해요. 관람객은 대부분 주차장이나 지하철역 출입구를 이용하기 때문에 남문이 있는 줄 잘 몰라요. 남문으로 들어서면 끝도 없이 이어진 위풍당당한 건물을 만나죠. 박물관 건물의 길이가 무려 400미터나 된다고 해요. 성벽 같은 오른쪽 건물은 전시동이고, 창문이 반짝이는 왼쪽이 사무동이에요. 건물 앞에는 거울못이 펼쳐지고 박물관 사이 네모나게 뻥 뚫린 곳으로 남산이 살짝 얼굴을 내밀어요.

자, 지금부터 박물관 건물과 건물의 배치에 숨겨진 뜻을 찾아볼까요?

박물관 건물의 설계는 어디에서 아이디어를 얻었을까?

학교는 대부분 정문, 운동장, 건물 순으로 늘어섰죠. 국립중앙박물관은 남문, 거울못, 박물관 건물 순으로 배치되었는데, 운동장 대신 연못이 있다는 점이 학교와 달라요. 건물 사이에 공간을 만들어 남산이 보이도록 만들었다는 점도 특이하죠. 박물관을 설계한 건축가는 배산임수(背山臨水)에 주목했어요. 배산임수는 집 뒤에는 산이 있고 앞에는 물이 있는 배치를 말해요. 옛날에는 산의 좋은 기운이 집으로 들어오고 물은 그 기운이 나가지 못하게 막아 준다고 믿어 이런 배치를 무척 좋아했어요. 실제로 집을 이렇게 배치하면 땔감을 얻기도 편리했고, 물을 이용해 농사짓기도 좋았어요.

김정호가 만든 한양 지도인 '수선전도'를 보면 산과 청계천 사이에 집들이 들어찬 걸 볼 수 있어요. 건축가도 선조들이 그랬던 것처럼 박물관 뒤에 자리 잡은 남산과 박물관 앞으로 흐르는 한강을 눈여겨봤어요. 그래서 뒤로는 남산을 두고 앞으로는 한강을 보도록 의도적으로 건물을 배치했어요.

여기서 눈여겨봐야 할 곳이 거울못이에요. 거울못은 타원형의 큰 연못으

수선전도
(서울 역사박물관)

박물관 건물 앞에는 거울못이, 뒤로는 남산이 있어요.

로, 거울이라는 이름처럼 박물관이 연못에 비쳐요. 산과 물의 조화에 주목한 설계자가 남산과 조화를 이루도록 만들었다고 해요.

건축가는 '건물은 어떤 모습이면 좋을까?' 고민하다가 우리나라 성에서 아이디어를 얻었어요. 성은 듬직하고 웅장할 뿐만 아니라 위험할 때마다 사람들을 안전하게 지켜 주었죠. 박물관 건물로 이만한 게 없다고 여긴 것 같아요. 특히 남한산성이나 수원 화성을 비롯한 여러 성을 눈여겨봤어요. 남한산성은 병자호란이 일어났던 역사의 현장으로, 당시 왕이었던 인조가 남한산성에서 나와 청나라에 항복한 비극의 무대였어요.

박물관 건물 윗부분 톱니의 정체는 무엇일까요? 성벽 위쪽에 늘어선 담에 답이 있어요. 톱니 디자인은 "이것은 성에서 실마리를 얻었어요."라고 말하는 것 같아요. 건축가는 병자호란 당시 비극을 지켜보던 성이 이제는 어떤 어려움에 처해도 문화유산을 굳건히 지켜 주는 수호신이 되어 주기를 바랐을 거예요. 그런데 박물관 건물을 직선이 아니라 성처럼 곡선으로 만들었다면 어땠을까요?

성벽 윗부분을 본뜬 전시동 건물 윗부분

남한산성 성벽 윗부분

유물을 지키는 성 같아.

▲ 건물 옆으로 걸어 올라가게 만든 박물관　　▶ 옆에서 본 부석사 무량수전과 안양루

옛집에서 얻은 실마리

　박물관으로 가려면 거울못 옆을 빙 돌아 올라가야 해요. 보통은 정문에서 건물로 곧장 가도록 만들지만 이곳은 달라요. 계단도 일직선이 아니라 올라가면서 조금씩 건물 쪽으로 꺾였어요. 계단을 오르면서 건물은 다른 모습을 보여 주는데, 다 오르면 끝없이 이어지고 움직이는 것 같은 박물관을 만나요. 만약 정면만 봤다면 웅장하고 거대하다는 느낌이 너무 강해 이런 느낌은 들지 않았을 거예요. 옆모습을 보도록 만든 건 우연일까요?

　건축가는 아이디어를 얻으려고 우리나라 옛 건축을 부지런히 찾아다녔어요. 그러다가 우리나라에서 가장 아름다운 절로 손꼽히는 부석사를 보고 많은 영감을 받았다고 해요. 실제로 부석사에 가면 계단을 올라서면서 풍경이 달라지고, 또 어느 순간 건물들이 경쾌하게 날아오르는 새처럼 보이는 신기한 경험을 할 수 있어요.

▲ 액자를 보는 듯한 느낌을 주는 열린마당   ▶ 부석사 안양루에서 올려다본 모습

　박물관 건물에서 가장 특이한 곳은 액자처럼 네모나게 뻥 뚫린 공간이에요. 사람들은 계단을 올라가 그림처럼 펼쳐지는 남산을 바라보거나 계단에 앉아 쉬곤 하죠. 계단 앞쪽의 넓은 광장에서는 때마다 다양한 행사가 열려요. 이곳을 '열린마당'이라고 부르는데 옛날 집의 대청마루에서 아이디어를 따왔어요. 이곳은 여러 곳으로 드나드는 길목이면서 동시에 공연이 벌어지는 공연장이에요. 이때 계단은 관람석으로 변신을 해요.

　대청마루에서 전체적인 아이디어를 얻기는 했지만 건축가는 어떻게 건물을 뚫을 과감한 생각을 했을까요? 다시 부석사로 가 봐요. 안양루라는 건물 아래 계단에서 위를 올려다보면 풍경이 액자처럼 눈에 들어와요. 계단을 다 오르면 눈앞에 펼쳐지는 시원한 풍경에 다시 한 번 감동을 받죠. 박물관에서도 계단을 다 오르면 가까이에 남산이, 멀리 북한산이 아스라하게 펼쳐져요. 옛것은 다시 태어날 준비를 하고 있어요. 늘 새로운 눈으로 본다면요!

국립중앙박물관의 역사

지금처럼 멋진 건물에 자리 잡기까지 국립중앙박물관은 이사를 다니느라 정신이 없었어요. 도대체 어디로 얼마나 이사를 다녔을까요?

먼저 우리나라 박물관의 역사를 살펴볼까요? 1909년 창경궁에 우리나라

경복궁에 문을 연 조선총독부박물관

1972년에서 1986년까지 국립중앙박물관으로 사용된 지금의 국립민속박물관

최초의 박물관인 제실박물관이 문을 열었어요. 일제 강점기 때에는 이왕가박물관으로 이름이 바뀌었죠. 1915년에는 경복궁에 조선총독부박물관이 문을 열었어요. 나중에 이왕가박물관은 이왕가미술관으로 바뀌고, 1946년에 다시 덕수궁미술관으로 바뀌었어요.

1945년 해방이 되고 국립박물관이 조선총독부박물관을 접수하면서 우리 손으로 만든 박물관의 역사가 시작되었죠. 그러다 1950년 한국 전쟁이 터지면서 국립박물관은 큰 위기를 맞았어요. 전쟁 초기 일부 유물은 피해를 입었지만, 그 후 유물을 부산으로 옮겨 더 큰 화를 면할 수 있었어요. 전쟁이 끝난 뒤에는 서울 남산 자락 작은 건물에 있다가 덕수궁으로 이사했어요. 이때 덕수궁미술관은 국립박물관과 통합되었죠.

덕수궁으로 박물관을 옮기고 5년 뒤 5·16 군사 정변이 일어났어요. 그 후 정

부는 나라 체면을 세운다고 박물관을 지었는데 그게 바로 지금 국립민속박물관 건물이에요. 이때 이름에 '중앙'을 넣어 국립중앙박물관으로 바뀌었어요.

이게 끝이 아니었죠. 전두환 대통령은 일제 강점기 당시 조선 총독부 건물로 사용했던 중앙청을 박물관으로 활용하기로 했어요. 국제 행사인 1986년 아시아 경기 대회와 1988년 서울 올림픽 때 우리나라의 모습을 제대로 알리는 계기를 만든다는 이유였죠.

김영삼 대통령은 조선 총독부 건물이었던 박물관 건물이 못마땅했어요. 그래서 국립중앙박물관을 다른 곳으로 옮기고 건물을 철거해 경복궁을 복원하기로 결정했어요. 이때 "치욕이 서린 조선 총독부 건물을 철거하자!", "아니다, 그것도 역사니까 그대로 보존하자!" 하는 논쟁이 벌어졌어요. 대통령은 철거를 밀어붙여 새로운 박물관 설계안이 결정되기도 전에 철거부터 했어요. 이때 박물관은 지금의 국립고궁박물관으로 임시로 이사를 갔죠.

드디어 2005년, 국립중앙박물관이 용산에 자리를 잡았어요. 당시 사람들의 관심이 얼마나 높았는지, 관람객이 구름처럼 몰릴 정도였답니다.

국립중앙박물관은 일 년에 300만 명이 넘는 관람객이 찾는 우리나라 대표 박물관으로 자리잡았어요.

박물관 깊이 보기 ❶

전시를 즐겁게 관람하는 법

박물관에 갈 때 필요한 준비물

박물관에 갈 때는 필기구와 수첩 혹은 그림을 그릴 수 있는 종이를 준비해야 해. 그리고 편한 옷을 입고 편한 신발을 신는 게 좋아. 박물관에 들어서면 무거운 가방은 사물함에 보관해. 들고 다니다 보면 금방 어깨가 아파 오거든.

박물관에 들어서면 안내 자료를 찾아 전시실은 어떻게 이루어졌고 화장실은 어디 있는지 쭉 살펴봐. 또 활동지가 있는지도 알아보고. 요즘 박물관에서는 시간을 정해 해설해 주는 프로그램이 많으니까 시간표를 잘 봐 둬.

전시실에 들어가기 전에 알아 두어야 할 게 있어. 처음부터 박물관에 전시하려고 만든 유물은 없다는 점이야. 옛날에 누군가 다른 곳에서 여러 용도로 썼어. 또 모든 유물은 어떤 식으로든 현재와 이어져 있다는 점도 잊지 마.

어떤 유물을 봐야 할까?

국립중앙박물관은 우리나라에서 가장 큰 박물관답게 수많은 전시실로 구성되었어. 이런 곳을 한 번에 다 보는 건 무척 힘들어. 다음에 또 올 생각을 하고 이번에는 어느 전시실을 중심으로 볼 건지 미리 결정해. 전시실에 들어가서도 한꺼번에 많은 유물을 보게 되면 당황스러울 거야. 그럴 땐 마음에 끌리는 유물을 골라서 보면 돼.

하나라도 꼼꼼히

유물은 오래 볼수록, 궁금증을 가실수록 더 많은 것들이 눈에 들어와. 그림을 그리거나 관찰하거나 느낀 점을 써 보면, 안 보이던 것들이 눈으로 쏙쏙 들어올 거야. "여기에 이런 그림이 있었네. 이렇게 생겼구나." 그러다 보면 궁금한 점이 생기기도 해. "이건 왜 이렇게 만들었을까?" 한 점이라도 꼼꼼하게 봤다면 그것만으로 성공!

상상 놀이를 해 봐

박물관에 있는 유물을 볼 때는 상상력이 필요해. 그 시대 사람이 되었다고 생각하고 유물을 사용하거나 작품 속으로 들어갔다고 상상해 봐. 갈돌에 도토리도 갈아 보고, 청동 거울을 가슴에 달고 춤도 춰 봐. 또 김홍도가 그린 〈서당〉 속으로 들어가 혼나는 아이가 되어 보고 곁에서 키득키득 웃는 아이도 되어 보면 정말 재미있을 거야.

질문을 해 봐

처음부터 박물관에 전시하려고 만든 유물은 한 점도 없어. 그래서 "어디에서 왔을까, 누가 언제 만들었을까, 누가 어떻게 사용했을까, 요즘 그런 역할을 하는 건 뭘까, 내 생각은 이런데 박물관에서 하는 말은 다 맞는 걸까?" 같은 질문을 던져 봐. 왜 이런 질문을 하냐고? 그래야 그 유물이 비로소 내 것이 되거든.

사진기를 활용해

대부분의 박물관에서 사진을 찍을 수 있어. 아주 세밀하게 만들어진 유물을 사진기로 찍은 다음, 컴퓨터 화면으로 크게 확대해 보면 색다른 모습을 발견할 수 있어. 특히 청동 거울이나 오밀조밀하게 그려진 그림에서 효과를 확인할 수 있지. 또, 사진을 찍어 두면 추억을 남길 수도 있고 보고서를 쓰는 데도 큰 도움이 돼.

 ### 밖에서 뛰어 놀기

전시를 보는 건 즐겁기도 하지만 힘도 많이 들어. 전시실에서는 뛰고 싶어도 뛰지 못하고 큰 소리로 말해도 안 돼. 그러니 박물관 관람을 마치면 박물관 밖으로 나와 마음껏 뛰어 놀아. 국립중앙박물관에는 뛸 수 있는 장소가 여럿 있어. 뛰어 놀다 보면 답답했던 마음이 금세 풀릴 거야.

박물관 돌아보기 2

청자정은 누가 만들었을까?

청자 기와를 얹은 청자정

거울못 옆에 근사한 정자가 눈길을 사로잡아요. 정자에 앉아 바라보는 경치가 근사할 것 같죠? 그런데 다른 정자에서는 찾아볼 수 없는 부분이 눈에 뜨여요. 지붕이 검은색이 아니라 푸른색이고 게다가 지붕 끝은 모란무늬와 덩굴무늬가 있는 근사한 기와로 장식했어요. 이 기와는 특별히 고려청자를 재현해서 만든 청자 기와예요.

이 정자는 청자 기와를 지붕에 얹었다고 해서 '청자정'이라는 이름이 붙었어요. 지금까지 고려 시대에 만들어진 청자 기와가 여러 점 전해져요. 고려의 궁궐이 있던 개성의 만월대와 고려청자를 굽던 전라남도 강진의 가마터에서 청자 기와 조각들이 발견되었어요. 그러나 청자 기와를 올린 건물은 전해지지 않고 청자 기와를 얹은 '양이정'이라는 정자를 만들었다는 기록만 전해지고 있어요. 그래서 2009년에 우리나라 박물관 시작 100주년을 기념해 기록 속의 청자 기와 정자를 만들어 보면 어떨까 해서 지은 거죠.

청자정은 뛰어난 예술가들이 참여해 만들었어요. 지금 우리나라에서 가장 뛰어난 청자를 굽는 곳에서 청자 기와를 만들었고, 한옥을 가장 잘 짓는 사람(흔히 대목장이라고 불리는 사람)이 집을 지었어요. 이들뿐만 아니라 나무에 그림을 그리는 사람까지 많은 사람이 모여 청자정을 완성했어요. 이 작업에 참여한 이들 모두 대가를 받았어요.

그런데 고려 시대에도 일한 사람들이 적당한 대가를 받았을까요?

아내가 머리카락을 자른 까닭

청자 기와 하면 고려의 왕 의종을 가장 먼저 떠올려야 해요. 의종은 문관을 우대하고 무관을 푸대접하며 놀이에 빠진 왕으로 유명하죠.

의종은 왕이 된 지 11년째인 1157년에 궁궐 뒤편에 있던 백성들이 사는 집 50채를 헐고 연못을 만든 다음, 그 옆에 청자 기와로 지붕을 얹은 정자 '양이정'을 세웠어요. 그런데 그 청자 기와를 굽던 도공들은 지금과는 달리 직접적인 대가를 받지 못했어요. 도공들이 청자 기와를 만드는 건 해야만 하는 의무였거든요.

도공만 그랬을까요? 그로부터 10년 뒤, 이번에는 기록에 '중미정'이라는 정자가 나타나요. 이 정자를 짓는 공사에 동원된 한 백성의 아내가 어느 날, 공사장에 나타나 남편을 불렀어요.

"음식을 준비해 왔으니 사람들과 나누어 드세요."

이 말에 남편은 의심에 찬 눈으로 아내를 보며 되물었어요.

"음식을 해 올 형편이 아닌데 어떻게 음식을 했어요?"

"늘 당신이 다른 사람에게 음식을 얻어먹는 게 미안해 머리카락을 팔아서 음식을 준비했어요."

고려 시대 청자 기와

그제야 남편은 머릿수건 속에 감춰진 짧아진 아내의 머리카락이 눈에 들어왔어요. 아내의 짧은 머리를 본 남편도, 이 이야기를 듣던 다른 사람들도 모두 눈물을 흘렸어요. 남편은 왜 다른 사람에게 음식을 얻어먹으며 일을 했을까요? 백성이 왕의 정자를 만드는 일에 동원되는 건 당연한 의무였을 뿐만 아니라 먹을거리는 알아서 준비해야 했거든요. 가난한 사람들은 굶거나 다른 사람들에게 얻어먹어야 했어요. 기록에 나오는 양이정이나 중미정은 모두 이런 백성들의 손으로 지어진 거예요.

이로부터 3년 뒤 의종은 보현원이라는 절에서 놀다가 무신들이 일으킨 무신의 난으로 왕의 자리에서 쫓겨나 거제도로 유배를 떠났어요.

청자정에 오르면 거울못에 잔잔히 물결이 이는 모습과 여름에는 연꽃이 핀 그림 같은 풍경도 볼 수 있어요. 고려를 대표하는 '청동 은입사 물가 풍경무늬 정병'에서 이런 물가의 풍경을 엿볼 수 있어요. 배가 여유롭게 떠 있고 그 위로 새들이 날아가고 그 뒤로 낮은 산들이 이어지고 물가의 버드나무가 한들거려요. 고려의 왕과 귀족들이 정자에서 술을 마시고 시를 지으며 이런 풍경을 감상하지 않았을까요?

누구는 놀고,
누구는 일하고.
좀 불공평한걸!

청동 은입사 물가 풍경무늬 정병(국보 92호)

일한 대가를 지불하라

　보통 우리나라 역사를 대표하는 유물들은 뛰어난 예술가가 만든 것으로 알고 있죠. 아니, 그렇지 않아요. 뛰어난 예술가 한두 사람의 힘만으로 만들 수 없어요. 양이정이나 중미정의 이야기에서 보듯 많은 사람들의 힘을 모아야 만들 수 있는 것들이 대부분이죠. 청동기 시대의 대표적인 무덤인 고인돌은 한두 사람의 힘으로는 어림없고 대부분 남자 어른 수백 명이 힘을 모아야 세울 수 있었어요. 그뿐만 아니에요. 왕이 살던 궁궐, 도시를 둘러싼 성, 왕의 거대한 무덤에 이르기까지 백성들이 아니었다면 만들지 못했겠죠. 이러한 유물들을 왕의 뛰어난 업적으로만 평가하고 백성들의 노고는 기억해 주지 않는 경우가 많아요.

　그렇다고 그들에게 적당한 대가가 지급되는 것도 아니었어요. 지금은 나라에 필요한 공사를 하거나 물품을 구입할 때 적당한 대가를 지불하죠. 하지만 옛날에는 의무적으로 나라에 필요한 일이 있을 때 일을 해야 하고, 지방의 특산물도 바쳐야 했어요. 대가가 따르지 않는 이런 일들은 대부분 힘없는 백성들의 몫이었어요. 양이정과 중미정을 만들 때 동원된 백성들은 이처럼 나라에서 정한 의무에 따라 일을 했던 거예요. 백성들의 어려운 사정을 헤아리지 않고 마구 동원하면 살기가 더 힘들어지는 건 당연한 일이죠.

　그나마 이들은 청자 기와를 만든 도공보다는 형편이 좋은 편이었어요. 지금은 도공을 예술가로 높이 평가하지만 고려 때에는 사회적으로 차별했어요. 최고의 작품을 꿈꾼 도공도 있었겠지만, 기본적으로 청자를 만드는 건 반드시 해야 하는 의무였죠. 게다가 만들기 싫다고 그만둘 수도 없고, 후손에게 대물림되었어요.

나라 일에 강제로 사람들을 동원하는 것에 문제가 있다는 걸 안 사람이 있었어요. 바로 조선의 왕 정조였어요. 정조는 세계 문화유산으로 지정된 수원 화성을 만들었어요. 화성을 만들 구상을 하던 정조는 몇 가지 다짐을 했어요. 화성을 만들 때 드는 돈은 나랏돈을 쓰지 않고 스스로 감당하고, 일에 참여한 사람에게는 적당한 대가를 지급하겠다는 것이었어요. 정조는 공사가 시작되기 오래전부터 절약을 하고 경호 부대 인력을 줄여 돈을 모았어요.

일한 대가를 지급한다고 하니 신하들은 공사비가 늘어난다고 반대를 했어요. 하지만 정조는 자기 주장을 밀고 나갔어요. 공사에 참여한 일꾼들에게 품삯을 지불하겠다고 하자 전국에서 일하겠다고 사람들이 몰려들어 다시 돌려보내는 어려움까지 있었다고 해요. 그뿐만 아니라 일을 하다 다친 사람에게도 대가를 지급했어요. 공사가 끝난 뒤 정조는 "화성 공사를 3년 안에 끝내면서 백성들을 힘들게 하지 않았고 나라의 돈도 건드리지 않았다."라고 자신 있게 말했어요. 그러고 보니 수원 화성이 새롭게 보여요.

거중기나 녹로 같은 새로운 장비를 사용해 지은 수원 화성(사적 3호)

야외 전시장 둘러보기

국립중앙박물관에서 유물은 건물 안에 있는 전시실에서만 볼 수 있을까요? 청자정 옆 야외 전시장이나 박물관 앞뜰에도 유물들이 숨바꼭질하듯 전시되어 있어요. 주로 돌로 만들어진 것들로, 크기도 무척 크죠. 눈에 잘 띄지 않아 사람들이 잘 가지 않지만 이곳에 전시된 유물 가운데 중요한 작품들이 많아 산책을 하듯 걸으며 살펴보면 좋아요.

박물관 건물 바로 앞으로는 스님들의 무덤인 승탑과 비석을 전시했어요. 승탑에 새겨진 불교의 수호신을 살펴보면 재미있는 얼굴을 많이 찾을 수 있어요. 전시된 유물 가운데 통일신라 시대에 살았던 염거화상의 무덤인 염거화상탑은 아담하고 단정하죠. 현화사 석등은 고려를 대표하는 절이었던 현화사에 있던 유물로, 절의 명성답게 무척 크고 당당해요.

숲속 산책로를 따라가면 여러 점의 불상과 탑을 볼 수 있어요. 탑 가운데서도 특히 고려 말의 유명한 승려 나옹의 무덤인 영전사 보제존자 사리탑, 고달사 터에서 옮겨온, 사자의 모습이 인상적인 고달사 쌍사자 석등, 하늘을 찌를

돌로 만든 다양한 유물을 만날 수 있는 야외 전시장 지도

❶ 원주 흥법사지 염거화상탑
❷ 현화사 석등
❸ 개성 남계원 칠층석탑
❹ 고달사 쌍사자 석등
❺ 영전사 보제존자 사리탑
❻ 보신각 종

◀ 원주 흥법사지 염거화상탑
▲ 시간을 알리던 보신각 종
▶ 개성 남계원 칠층석탑

듯 웅장한 남계원 칠층석탑을 눈여겨보세요.

 이 밖에 옛 보신각 종, 무덤 장식에 쓰인 유물들, 고인돌이 전시되어 있어요. 특히 보신각 종은 입이 벌어질 정도로 커요. 원래 조선의 왕인 세조가 만든 원각사라는 절에 있던 종이었는데, 절이 없어진 뒤 보신각으로 옮겨져 도성의 문을 여닫는 시간을 알리는 데 쓰였어요.

 야외 전시장에 전시된 유물 가운데 불교와 관련된 것들이 많아요. 이름표를 보면 원래 있던 곳도 무척 다양하죠. 1910년에 우리나라를 강제로 빼앗은 일본이 자기들이 조선을 엄청나게 발전시켜 주었다고 자랑하려고 1915년, 경복궁에서 '조선 물산 공진회'라는 대규모 행사를 열었어요. 행사를 준비하면서 경복궁 건물을 뜯어내고, 전국에 있는 불교 관련 유물들을 경복궁으로 옮겨 행사장을 꾸몄어요. 그 뒤에도 여러 차례 전국에서 경복궁으로 유물들을 옮겨 왔어요. 그 뒤에도 원래 있던 절로 돌아가지 못하고 오랫동안 경복궁을 장식하던 이 유물들은 국립중앙박물관을 따라 이곳으로 오게 된 거예요.

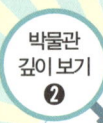

박물관 깊이 보기 ❷

국립중앙박물관 다양하게 즐기기

남문으로 가 보자

국립중앙박물관으로 가는 방법은 크게 두 가지야. 흔히 지하철을 타고 와서 걸어 올라가거나 자동차을 타고 주차장으로 바로 들어가. 어떻게 가느냐에 따라 박물관과 만나는 풍경이 달라져. 지하철로 가면 이촌역에서 내려 지하도인 나들길로 걸어 나와 건물로 들어가거나, 지하철역에서 나와 남문으로 들어가는 방법이 있어. 대부분 가까운 나들길로 가고 남문으로 가는 사람은 거의 없지. 차를 타고 갈 때는 지하 주차장에 차를 세운 뒤 바로 건물로 이어지는 곳으로 나오게 돼. 건축가는 자기가 건물을 설계한 뜻을 알 수 있는 남문에서 사람들이 보기를 원했을 거야. 그렇기 때문에 차를 타고 오거나 지하도로 와도 남문으로 들어가야 제맛을 느낄 수 있어.

정문에서 보는 국립중앙박물관

달이 뜰 때 가 보자

달이 밝은 수요일이나 토요일 저녁(이 두 날은 오후 9시까지 개관을 해.)에 가면 거울못에 뜬 달을 볼 수 있어. 잔잔하고 고요한 거울못에 뜬 달을 보는 건 색다른 경험이지. 거울이라는 이름이 왜 붙었는지 실감할 수 있을 거야.

달이 비친 거울못

열린마당에 눈이 내리는 풍경

 ## 계절별로 가 보자

열린마당에 있는 사각형 액자는 살아 있는 그림이야. 눈이 올 때나 비가 올 때, 저녁 노을이 질 때 더욱 아름답지. 사람들이 액자 속에서 움직이는 모습은 영화 속 한 장면 같아. 우리도 그 장면 속으로 쏙 들어갈 수 있어.

외국 유물이나 특별한 주제를 조사하고 연구한 결과를 전시하는 기획전시실

전시는 어떻게 이루어질까?

열린마당에 서면 앞으로는 계단, 오른쪽과 왼쪽으로는 전시하는 공간이 보여요. 왼쪽 건물에는 '기획전시실'이라고 쓰여 있고, 오른쪽 건물에는 '전시관'이라고 쓰여 있어요. 두 건물은 각각 어떤 일을 하는 곳일까요?

박물관은 유물을 조사하고 보존하고 연구하고 전시하는 곳이에요. 이 가운데에서 전시는 박물관의 유물과 사람들이 만나는 중요한 자리이기 때문에 어느 박물관이나 전시를 준비할 때는 특히 신경을 써요. 박물관에서 일하는 학예사들은 재미있고 흥미로운 전시를 만들기 위해 회의를 거듭해 아

6개의 관과 50개의 실로 구성된 상설전시관

이디어를 내죠. "뭐, 볼 게 없네."라는 반응보다는 "야, 이거 재미있다!"라는 반응을 기대하면서 어떤 유물을 어떻게 전시할 것인가를 고민해요.

　전시는 크게 두 가지로 나뉘어요. 늘 열려 있는 상설 전시와 특별한 때에만 열리는 특별 전시가 있어요. 상설 전시는 언제 가도 볼 수 있고 많은 유물을 전시하죠. 반면 특별 전시는 상설 전시에서는 보기 힘든 재미있고 흥미로운 주제를 다루어요. 때로는 다른 박물관에서, 또는 멀리 외국에서 유물이나 미술 작품을 빌려와 전시를 하기도 해 색다른 작품을 볼 수 있어요. 정해진 기간만 전시하기 때문에 그 기간이 지나면 볼 수 없어요.

　오른쪽 전시관에서는 주로 상설 전시를 볼 수 있고, 왼쪽 기획전시실에서는 특별 전시를 볼 수 있어요.

35

전시는 어떻게 준비할까?

전시는 어떻게 이루어질까요? 먼저 어떤 주제로 전시를 할지 정해요. 보통 전시를 준비하는 학예사가 가장 관심 있어 하는 주제로 정하는데, 평소에 사람들에게 보여 주고 말하고 싶은 것으로 하죠. 자기가 좋아하는 걸 부모님이나 친구들에게 말해 주고 싶은 것과 같아요. 전시에서 주제를 정하는 일은 전체 작업의 반을 차지할 정도로 중요해요. 그래서 "이건 어떨까?" 하고 고민을 거듭해요. 일단 주제가 정해지면 그 아래 붙는 작은 주제들을 정하고, 각 주제에 따라 필요한 유물을 고르고 어떻게 배치할 것인가를 결정하죠.

전시 주제에 따라 같은 유물도 여러 측면을 주의 깊게 살펴봐요. 경주 서봉총이라는 무덤에서 발굴된 신라 금관을 함께 볼까요? '과학으로 풀어 보는 서봉총 금관' 전시에서는 금관을 발굴한 뒤, 잘못 수리한 부분을 밝히는 데 초점을 맞추었어요. 반면 다른 전시에서는 신라의 황금 문화에 초점을 맞추었죠. 같은 유물이지만 전시 주제에 따라 서로 다른 면이 부각되기도 해요.

전시를 준비할 때 마음에 쏙 들 때까지 고민을 하는 건 제목 즉 전시의 이름이에요. 전시 이름은 사람들의 호기심을 자극하는 데 큰 영향을 주기 때문이죠. 국립중앙박물관에서는 2016년 4월부터 7월까지 선사 시대에 만든 돌도끼가 시대에 따라 어떻게 관심이 바뀌었는지를 다룬 전시를 열었어요. 이 전시의 제목은 '벼락도끼와 돌도끼'였어요. 이 전시를 준비한 사람들은 얼마나 고민을 많이 했을까요?

2015년 테마전시실에서 열린 금관 전시 포스터

전시를 준비할 때 관람객들이 흥미롭고 재미있게 전시를 볼 수 있는 방법, 같이할 수 있는 방법도 고민해요. 전시의 또 다른 주인공은 관람객이니까요. 유물 이름이나 설명글을 쓸 때도 관람객의 입장에 서서 헤아려 봐야 해요.

어떤 주제로 전시를 하건 전시실을 꾸미는 데 몇 가지 원칙이 있어요. 관람객들이 자연스럽게 걸어가는 방향은 어느 쪽일까요? 육상 경기에서

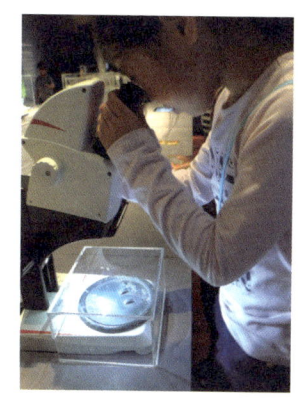

유물을 현미경으로 확대해서 볼 수 있도록 한 전시

선수들이 어느 쪽으로 도는지 보면 알 수 있죠. 사람들은 무의식적으로 시계 반대 방향으로 돌기 때문에 전시의 흐름도 시계 반대 방향으로 볼 수 있게 구성하는 경우가 많아요. 전시에 쓰는 글들은 중학생이 이해할 수 있는 수준에 맞추죠. 진열장에 유물을 놓을 때는 가장 아름답게 보이는 쪽이 보이게 해요. 도자기 같은 경우 빙빙 돌려 가며 가장 아름다운 면을 찾곤 하죠. 일반적으로 관람객의 키가 160센티미터 정도라고 가정하고 눈높이를 맞춰요. 그러다 보니 아이들 눈에 유물이 제대로 안 보이는 일도 종종 생긴답니다.

보는 면에 따라 느낌이 달라지는 '백자 달항아리'

재미있는 전시 이야기

특별전의 규모는 그때그때 달라요. 전시 주제에 따라 전시 구성과 전시되는 유물의 규모가 달라지는 거죠. 국립중앙박물관에는 모두 세 개의 기획전시실이 있는데, 전시 규모에 따라 전시실이 결정되어요. 가장 규모가 큰 전시는 열린마당 왼쪽 건물에 있는 기획전시실에서 열려요. 이때는 보통 수백 점의 유물을 전시하는데 '신안 해저선에서 찾아낸 것들'이라는 전시에서는 무려 2만여 점의 유물을 선보였어요. 반면 아주 적은 유물을 전시하는 경우도 있어요. '한일 국보 반가사유상의 만남'이라는 전시에서는 넓은 공간에 우리나라의 국보 78호 금동 반가사유상과 일본의 주구사라는 절에 있는 국보 목조 반가사유상 단 두 점만 전시했어요. 두 유물 모두 각 나라를 대표하는 작품이죠.

외국에 있는 유물이나 예술 작품을 빌려 와 특별전을 열기도 해요. 그 가운데에는 우리나라에서 만들어져 외국으로 나간 유물도 있어요. 그런데 우리나라 유물이라고 쉽게 빌려 올 수 있는 건 아니에요. 오른쪽 위 사진 속 사람들은 왜 이렇게 줄을 길게 서 있는 걸까요? 바로 〈몽유도원도〉라는 작품을 보기 위해 몇 시간을 기다리는 중이에요. 이 작품을 소장하고 있는 일본의 덴리대학교에 작품을 빌려 달라고 요청하자, 처음에는 손상이 심하다며 허가하지 않다가 딱 9일만 전시한다는 조건으로 빌려 주었어요. 국내에서 볼 수 있는 마지막 기회일 수도 있어 관람객들이 많이 몰렸죠.

'한일 국보 반가사유상의 만남'
전시실 입구

▲ 조선 초기 최고의 그림인 〈몽유도원도〉
▶ 2009년 박물관 개관 100주년 기념 전시 때 〈몽유도원도〉를 보기 위해 몰린 인파

　유물을 전시할 때 신경을 많이 써야 하는 부분은 조명이에요. 고려청자를 전시할 때는 특히 신경을 써야 하죠. 고려청자는 신비한 푸른빛으로 유명해요. 그런데 정작 전시된 고려청자를 보면 "고려청자의 빛이 저래?"라며 실망하는 경우도 있어요. 고려청자는 스폰지처럼 빛을 빨아들여요. 붉은 조명을 비추면 붉은 청자가 되고, 노란 조명을 비추면 노란 청자가 되죠. 게다가 진열장 유리는 푸른빛이에요. 청자를 볼 때 푸른빛 안경을 끼고 보는 것과 같아요. 그래서 청자를 전시할 때 본래의 색을 찾을 수 있도록 세심하게 신경을 쓴답니다.

▲ 누리집에 실린 '청자 상감 모란무늬 항아리'
▶ 전시된 '청자 상감 모란무늬 항아리'
▶▶ 푸른빛을 띤 진열장의 유리 단면

2부

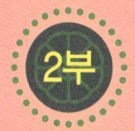

국립중앙박물관 선사 · 고대관

까마득히 먼 옛날인 구석기 시대부터
통일신라와 발해가 있던 시기까지의
유물들을 전시해 놓은 선사·고대관으로 가 보자.

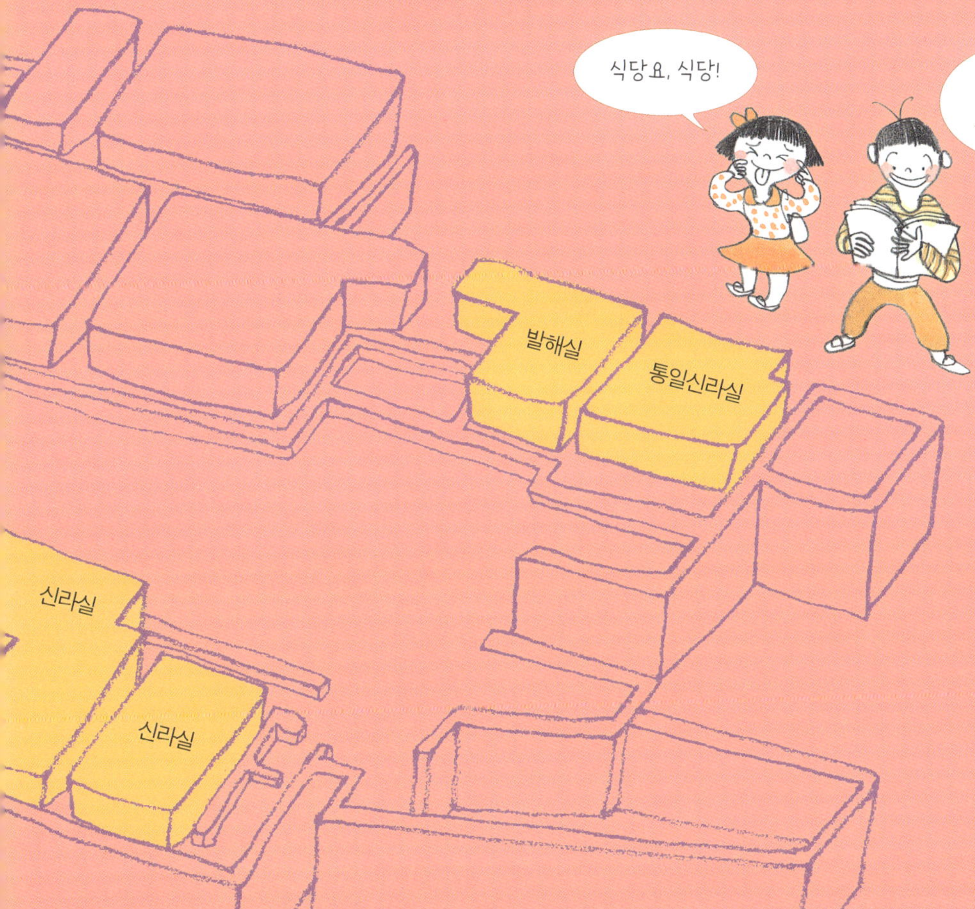

04 선사관 입구 - 질문하기

반구대 암각화를 제대로 보려면 어떻게 해야 할까?

반구대 암각화 사진을 들여다보는 아이들

박물관 전시관에 들어서자마자 보이는 큰 그림은 반구대 암각화(공식 이름은 울주 대곡리 반구대 암각화, 국보 285호)예요. 실제 크기와 비슷하게 출력한 사진이죠. 오른쪽에 있는 아이들은 벽화를 꼼꼼하게 살펴보고, 왼쪽 아이들은 벽에 붙은 설명글을 적어요.

　태화강변의 바위 절벽을 쪼아 만든 것으로 사람을 비롯해 사냥 대상이던 고래, 거북, 사슴, 호랑이, 멧돼지 등이 등장한다.

　설명을 다 쓴 아이들은 암각화 사진을 힐끗 보고 "고래다!"라고 외치고는 휙 지나쳐 구석기실로 뛰어갔어요. 바쁘게 떠나는 아이들 손에는 박물관에서 해야 할 수행지가 들려 있어요. 수행지에 나오는 미션을 완성하기 위해 암각화 설명을 적느라 바빠서 정작 암각화에 등장하는 주인공들은 제대로 보지 못했어요. 수행지에 어떤 미션을 넣어야 암각화를 좀 더 흥미롭게 볼 수 있을까요?
"반구대 암각화에는 어떤 동물이 있을까?"
　이 질문에 답하기 위해서는 암각화에서 동물을 샅샅이 찾아봐야겠죠. 이곳에서는 모두 193점의 동물 그림이 발견되었어요. 바다 동물로 고래, 바다거북, 상어가 보이고, 육지 동물로 사슴, 양, 멧돼지, 호랑이, 여우, 늑대 같은 네발짐승과 하늘을 나는 새들도 보여요. 이 가운데 고래가 58점으로 가장 많아요. 큰 그림은 대부분 고래인 데다 그 수 또한 많은 것으로 보아 이곳이 고래와 무척 관련이 깊었을 것으로 추정해요.

동물학자 눈으로 보기

수행지에 '고래 학자가 되라'는 미션이 있다면 무엇을 봐야 할까요?

암각화 속 고래의 특징을 살펴보면 어떤 종류의 고래인지 알아볼 수 있어요. 왼쪽 윗부분에 하얀 아크릴판으로 만들어진 고래들이 눈에 잘 들어와요. 가장 위에 있는 고래의 등에 작은 고래가 있어요. 예전에는 임신한 고래로 해석하다가 요즘에는 새끼를 업은 것으로 보죠. 그 아래 몸통에 날카로운 작살을 맞은 고래가 보여요. 그 왼쪽에는 머리 부분에 주름이 다섯 개인 고래가, 또 이 고래의 왼쪽에는 지느러미가 길고 몸통에 얼룩무늬가 있는 고래가 있어요. 그림 아래쪽에 있는 몸에 긴 줄무늬가 가득한 고래는 반구대 암각화에서 가장 크고 멋있죠. 물 밖으로 나왔다 다시 물속으로 들어가는 모습이에요. 그림 왼쪽에 있는 세쌍둥이처럼 보이는 고래들은 등에 리본 모양으로 물을 뿜으면서 꼬리로 춤을 추는 것 같아요.

◀ 고래가 집중적으로 등장하는 부분
▲ 사슴과 사냥하는 사람이 새겨진 부분

커다란 동물원에 온 것 같아!

이 고래들의 이름을 알아볼까요? 아기를 업은 고래와 머리 주름이 다섯인 고래는 귀신고래, 얼룩무늬가 있는 고래는 범고래, 크고 멋진 줄무늬 고래는 혹등고래, 리본 모양으로 물을 뿜는 고래는 북방긴수염고래로 추정

사슴의 다양한 쓰임새를 보여 주는 전시(국립김해박물관)

해요. 윤곽만 대충 그린 것 같지만 몇 가지 특징만으로 고래의 모습을 잘 나타냈어요. 이렇게 고래의 특징을 잘 잡아 그린 사람들은 누구였을까요? 고래를 가까이에서 본 사람 즉 고래 사냥꾼일 가능성이 높아요.

수행지에 '육지 동물을 연구하는 학자가 되라'는 미션이 있다면 무엇을 봐야 할까요? 반구대 암각화 왼쪽에는 고래를 중심으로 그렸다면 오른쪽에는 육지에 사는 동물을 그렸어요. 하얀 아크릴판으로 만든 부분을 눈여겨보면 뿔이 달린 동물을 볼 수 있어요. 이 동물은 사슴으로 짐작할 수 있어요. 뿔이 달렸거나 뿔은 없지만 엉덩이가 큰 동물은 사슴류의 동물이에요. 모두 45점으로, 육지 동물 가운데 가장 많이 등장해요.

이렇게 사슴류의 동물이 많은 이유는 뭘까요? 사슴 앞에 활시위를 당긴 사람이 보여요. 이것으로 미루어 당시 사슴 사냥을 많이 했다는 걸 짐작할 수 있죠. 활시위를 당긴 사람 앞에 있는 사슴의 꼬리가 위로 올라가 있는데, 위험할 때 꼬리를 올리는 사슴의 습성을 표현한 거죠. 그림이 그려질 당시 사슴은 중요한 사냥감이었고 사슴 뼈로 화살촉, 낚싯바늘, 작살을 만들었어요. 한마디로 사슴은 인간에게 쓸모가 많은 동물이었죠.

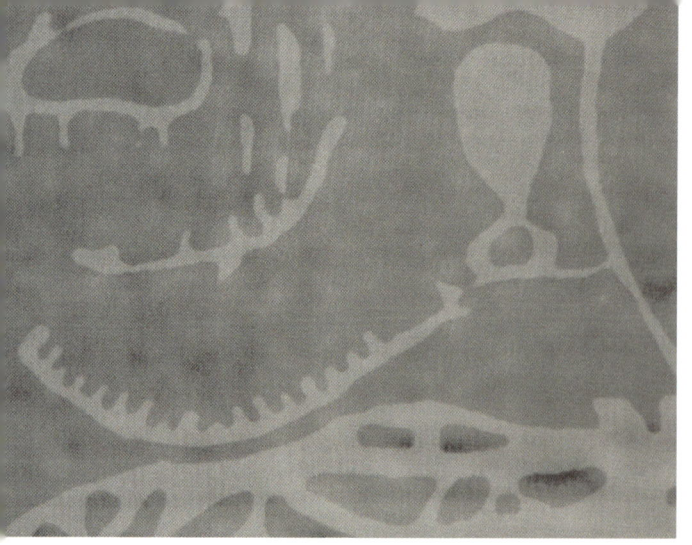
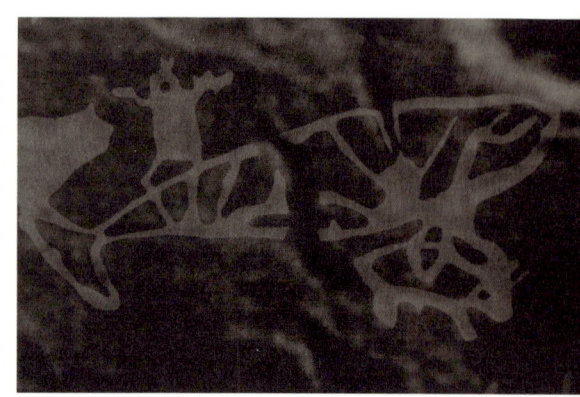

배를 타고 고래를 사냥하는 장면 사냥한 고래를 나누는 장면

사냥꾼과 인류학자 눈으로 보기

이번에는 '고래 사냥꾼이 되라'는 미션을 받았다고 생각해 볼까요? 여러분이 고래 사냥꾼이라면 왼쪽 그림이 먼저 눈에 뜨였을 거예요. 고래에 막대기가 꽂혀 있는데, 그 막대기에 풍선 같은 것이 달렸고 줄에 동물의 이빨 같은 것이 달렸어요. 이빨처럼 보이는 건 배를 타고 고래를 잡는 사람들이에요. 풍선처럼 생긴 건 고래에 던진 작살에 달린 줄과 고래가 있는 위치를 알려 주거나, 쉽게 고래를 끌어올릴 수 있도록 돕는 '부구'죠.

암각화에서 고래잡이와 관련된 다른 그림은 없을까요? 암각화 오른쪽 아랫부분을 보면 위 그림을 찾을 수 있어요. 고래에 이리저리 선이 그어졌죠? 이 선은 고래를 잡았을 때 고기를 나누는 기준선으로 추정해요. 지금도 고래잡이를 하는 북아메리카 사람들을 보면 고래잡이에 참여한 사람뿐만 아니라 참여하지 않은 사람에게도 고기를 골고루 나누어 줘요. 그러니 고래 한 마리를 잡으면 마을 사람들 모두 풍족하게 먹지 않았을까요? 그런 면에서 고래 사냥은 위험을 무릅쓸 만한 가치가 있었을 거예요.

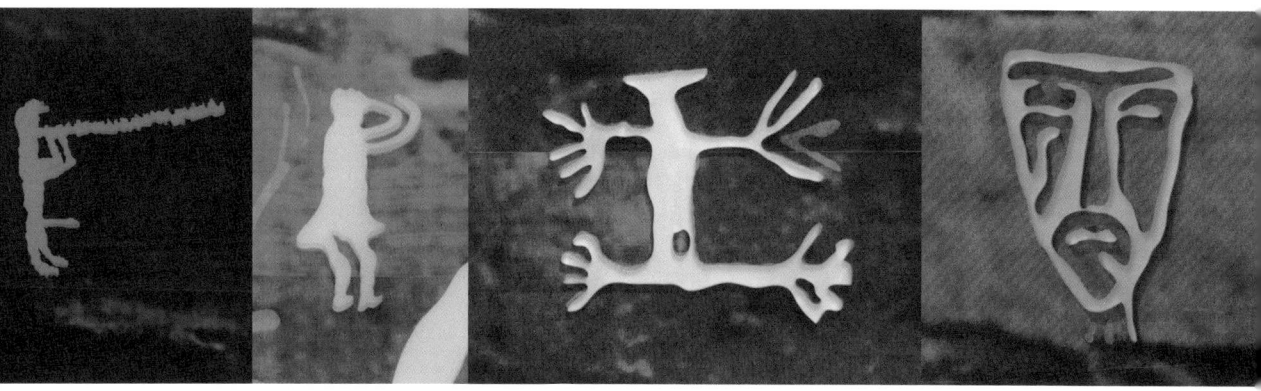

반구대 암각화에 등장하는 다양한 사람들의 모습

그럼 '사람들의 삶을 연구하는 인류학자가 되라'는 미션을 받았다면 어떤 그림을 봐야 할까요? 반구대 암각화를 샅샅이 살펴보면 긴 악기 같은 것을 입에 물고 있는 사람, 두 손을 얼굴 앞으로 올린 사람, 두 팔과 두 다리를 벌린 사람, 얼굴만 있는 사람을 찾을 수 있죠. 암각화에는 이들을 포함해 모두 14점의 사람 그림이 있어요. 사냥하는 사람을 빼면 다들 무엇을 하고 있는지 분명하지 않아요. 반구대 암각화를 제사 지내는 장면으로 보면 위에 있는 첫 번째 그림은 제사 때 악기를 부는 사람, 두 번째 그림은 절을 하는 사람으로 보여요. 사냥을 하는 장면으로 보면 첫 번째 그림은 동물을 불러 모으는 사람, 두 번째 그림은 망을 보는 사람이죠. 수사슴이 짝짓기를 할 때 뿔을 땅에 문지르며 소리를 내는 습성을 보고 피리를 불어 암사슴을 유인했다고 해요. 세 번째 그림에 나오는 사람은 자세가 독특해요. 팔과 다리를 쫙 벌렸는데 손가락과 발가락이 몸에 비해 무척 크죠. 이 사람은 무당으로, 보통 사람과는 다른 특별한 사람이라는 표시예요. 손을 벌린 건 나무를 표현한 것으로, 하늘의 신과 이어졌다는 걸 뜻한다죠. 네 번째 그림은 특별한 때 쓰는 가면으로 추정해요.

반구대 암각화로 가 보자

반구대 암각화는 울산에 있어요. 이 앞을 흐르는 강은 울산 앞바다로 흘러가요. 신석기 시대에는 이곳 지형이 지금과 달랐다고 해요. 그때는 반구대 암각화가 있는 곳까지 바닷물이 들어와 고래가 올라왔을 가능성도 있어요. 게다가 아주 옛날부터 울산에는 고래가 많이 왔어요. 이곳에서 새끼 고래를 낳은 어미 고래가 미역을 먹는 것을 보고 사람도 따라 먹기 시작했다고 전할 정도예요. 그래서 울산은 예로부터 우리나라의 대표적인 고래 사냥터였어요. 지금은 고래가 많이 사라져 고래잡이가 금지되었죠.

실제 반구대 암각화가 있는 곳에 가 볼까요? 깎아지른 절벽 아래에 반구대 암각화가 있어요. 반구대 암각화 위쪽은 눈썹처럼 바위가 튀어나와 있어 비가 와도 잘 젖지 않아요. 반구대 암각화 아래 계곡에서는 멀리 떨어진 곳에서

▲ 울산의 옛날 지형을 보여 주는 모형
(울산 암각화박물관)
▶ 반구대 암각화가 새겨진 절벽

내는 작은 소리도 잘 들린다고 해요. 반구대 암각화는 이렇게 신중하게 고른 장소에 만들어진 거예요. 절벽 앞 강을 따라 내려가면 고래잡이로 유명한 장생포가 나와요. 암각화 속 사람들은 절벽 아래에서 신에게 사냥을 잘할 수 있도록 빌고, 때가 되면 신에게 감사 인사를 드렸을 거예요.

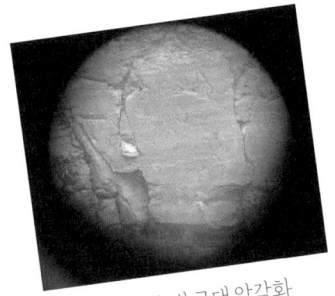
망원경으로 본 반구대 암각화

아쉽게도 지금은 반구대 암각화가 있는 곳에 가도 가까이에서 볼 수 없어요. 강물에 막혀 있는 데다 암각화를 보호하기 위해 100미터 정도 떨어진 강 맞은편 전망대에서만 망원경으로 볼 수 있게 만들어 놓았거든요. 가까이 가서 기어오르거나 돌을 던지는 사람 때문에요. 반구대 암각화를 망원경으로 보면 어떻게 보일까요? 위 사진은 망원경 속 모습이에요. 무척 희미하죠. 하지만 오후에 햇빛이 잘 비칠 때면 숨어 있던 그림이 튀어나와 마치 암각화가 살아나는 듯 보여요. 옛날 사람들 눈에는 엄청 신비로웠을 거예요.

반구대 암각화는 언제 만들어졌을까요? 사실 연구자들도 아직까지 쉽게 답하지 못해요. 다만 신석기 시대부터 삼한 시대 초기 사이에 만들어진 것이 아닐까 추측할 뿐이죠.

신석기 시대에 만들어졌다는 근거는 신석기 시대에 고래를 잡았다는 증거에 바탕을 두었어요. 청동기 시대에 만들어졌다는 근거는 반구대 암각화 주변에 청동기 시대 유적지가 있다는 점을 들었죠. 그림에 농사짓는 장면이 보이지 않아 본격적으로 농사를 짓기 이전에 만들어졌다고 보기도 해요. 어떤 사람들은 그림을 새기려면 날카로운 금속이 필요했기 때문에 청동기 시대부터 철기 시대 사이에 만들어진 것으로 추정한답니다.

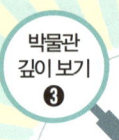

유물의 이름은 어떻게 지을까?

 유물 이름은 어떻게 지어요?

유물이 박물관으로 들어오는 순간 모든 유물은 이름을 받고 새로운 생명을 얻어. 만약 유물에 이름이 없거나 사람마다 다르게 부른다면 무척 불편하겠지? 많은 사람들이 보고 대대로 전해야 하기 때문에 가능하면 유물의 특징을 잘 드러내는 이름이 좋아. 박물관 진열장에 전시된 유물 앞에는 이름표가 있어서 유물의 이름을 쉽게 알 수 있단다.

갈판과 갈돌 이름표

실제로 볼 수 있는 국립중앙박물관의 이름표를 볼까? 이름표 가장 왼쪽에 이름이 보여. 위쪽부터 한글, 한문, 영어 순으로 쓰였어. 갈판과 갈돌 즉, 가는 데 사용되는 판과 가는 돌이라는 뜻이야. 한자로는 碾石(연석)과 碾石捧(연석봉)이야. 예전에는 대부분 유물 이름을 한자로 써서 전문가만 알 수 있고 관람객들은 이름을 보고도 무슨 말인지 알지 못하는 경우가 많았어. 그래서 국립중앙박물관에서는 중학생 수준에 맞춰 한문 이름을 푼 한글 이름을 같이 써. 한문으로 '延嘉七年銘 金銅佛 立像(연가칠년명 금동불 입상)'이라고 부르면 "이게 뭐지?"라고 하겠지만 「연가 칠년」이 새겨진 금동불 입상'이라고 풀어 쓰면 대략 그 뜻을 알 수 있지.

이름을 짓는 방법이 유물마다 따로 있나요?

유물에 이름을 붙이는 방법은 유물의 종류마다 달라. 그동안 써 오던 방식이 다르고, 유물마다 특징이 달라 한 가지 방법으로 통일시키기 어려워. 먼저 도자기에 이름을 붙이는 방법을 볼까?

청자 상감 동화 포도동자무늬 조롱박모양 주전자와 받침

이 작품은 한글 이름이 '청자 상감 동화 포도동자무늬 조롱박모양 주전자와 받침'인데, '靑磁 象嵌 銅畵 葡萄童子文 瓢形 注子 承盤(청자 상감 동화 포도동자문 표형 주자 승반)'이라는 긴 한자 이름을 갖고 있어. 청자는 도자기의 종류, 상감과 동화는 무늬의 표현 기법, 포도동자는 주요 무늬의 내용, 조롱박은 생긴 형태, 주전자와 받침은 용도에 따른 그릇의 종류지. 청자뿐만 아니라 도자기들은 대부분 이런 순서로 이름을 붙여.

수레바퀴모양 토기

토기는 흙으로 빚어 만들었다는 점에서 도자기와 연관이 깊지만 이름을 붙이는 방식이 좀 달라. 수레바퀴모양 토기(한자로는 車輪形土器차륜형토기)처럼, 생긴 모습을 먼저 말하고 끝에 토기라고 이름을 붙여. 늘 그런 건 아니어서 토기라는 이름이 붙지 않기도 해.

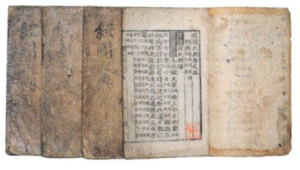

『경국대전』

그림은 그림의 내용으로 이름을 붙여. 유명한 김홍도가 그린 〈서당〉은 서당을 주제로 그림을 그려서 이렇게 붙였어.
책은 『경국대전』처럼 책 제목으로 이름을 붙이지.

금동 관음보살 좌상

금속이나 돌로 만든 유물들은 재료의 이름을 맨 앞에 붙여. 그다음에 유물의 성격이나 무늬의 내용, 유물의 종류 혹은 용도 순으로 이름을 붙여. 금동 관음보살 좌상에서 금동은 재료의 종류, 관음보살은 보살의 종류, 좌상은 자세의 종류야. 돌로 만든 유물이라고 해도 석조(石造) 혹은 석제(石製)라는 이름이 먼저 오지 않는 경우도 있어. 구석기 시대의 석기 유물은 생김새의 특징, 석기의 종류 순으로 이름을 짓는 경우가 많아.

05 구석기실-추적하기

주먹 도끼는 어떻게 박물관에 왔을까?

구석기실 입구에 전시된 주먹 도끼

52

국립중앙박물관 전시관에서 처음으로 만나는 진짜 유물은 바로 이 돌멩이예요. 진열장 안에서 보석처럼 폼을 잡으며 "나 어때?" 하고 자랑하는 것 같죠. "이 돌덩어리가 뭐길래 첫 진열장에 전시를 했을까?" 하고 질문을 하면서 돌이 뚫어질 정도로 눈을 동그랗게 뜨고 그 이유를 찾아볼까요?

　아래쪽은 넓고 위쪽으로 갈수록 뾰족해진다. 깨진 면은 여러 개로 자연적으로 깨진 게 아니라 일부러 깨뜨렸다. 옆면은 칼날처럼 날카롭다. 한 손으로 쥐기에는 커 보인다. 뭔가를 찍거나 자르기 위해 만든 것 같다.

　자세히 들여다볼수록 궁금한 점이 더 생겨요. '일부러 만든 돌이어서 전시를 한 걸까, 이 돌멩이는 어떻게 박물관으로 왔을까, 어느 시대의 유물일까?' 유물 아래 붙어 있는 이름표에 이 물음에 대한 단서가 들어 있죠. 이 유물의 이름은 수먹 도끼예요. 주먹을 쥐듯 잡고 사용하는 도끼라는 뜻이죠. '경기 연천 전곡리'는 지명을 나타내요. 한탄강이 휘감아 도는 곳으로, 우리나라의 대표적인 구석기 유적이에요. '2007년 발굴'은 주먹 도끼가 땅속에 있다 세상에 모습을 드러낸 해예요. 연천 전곡리 유적을 처음 발굴한 해는 1979년인데, 2010년까지 17차례 이상 발굴을 해 모두 6천여 점의 석기를 찾았어요. 이 주먹 도끼는 이렇게 많은 석기 가운데에서도 가장 멋지다고 평가를 받아 첫 번째 전시실 첫 진열장 첫 번째 유물로 당당히 뽑혔어요. 무려 6천 대 1의 경쟁률을 뚫은 거죠!

　연천 전곡리 유적(사적 268호)이 어떻게 발견되었고, 왜 구석기를 대표하는 유적이 되었는지, 주먹 도끼는 어떻게 이곳으로 왔는지 살펴볼까요?

전곡리에서 박물관까지

연천 전곡리 유적은 한탄강이 휘돌아 감싼 넓은 언덕에 있어요. 1978년 봄, 그레그 보엔이라는 미군 병사가 한탄강 유원지에서 데이트를 하다 특이한 돌 네 점을 찾았어요. 고고학을 전공한 보엔이 보기에 예사롭지 않은 돌이어서 고고학자인 서울대 김원룡 교수에게 보냈죠. 이를 본 김원룡 교수의 눈이 휘둥그레졌어요. 우리나라에서 한 번도 발견된 적 없던 유물이었거든요.

이 돌멩이는 주먹 도끼 가운데에서도 타원형이나 삼각형으로 양쪽 면을 잘 다듬은 아슐리안형 주먹 도끼였어요. 주먹 도끼는 끝이 뾰족하거나 타원형인 석기로, 손에 쥐고 찍고 자르고 파는 데 쓰였어요. 특히 전곡리에서 발견된 주먹 도끼는 프랑스의 생아슐 유적의 이름을 따서 아슐리안형 주먹 도끼라고 불려요. 모비우스라는 학자가 아슐리안형 주먹 도끼는 아프리카와 유럽에만 있고, 동아시아에는 없다고 주장했어요. 그러나 전곡리에서 주먹 도끼가 발견되면서 이 주장은 깨졌고 전곡리 유적은 세계적인 구석기 유적으로 평가받기 시작했어요.

주먹 도끼가 발견된 다음 해인 1979년부터 전곡리 유적이 발굴되기 시작했

한탄강을 끼고 있는 연천 전곡리 유적

연천 전곡리 유적의 발굴 현장의 재현 모습 (전곡리 토총전시관)

돌과 관련된 각종 구석기 시대 유물들이 전시된 구석기실

고, 사적으로 지정되었어요. '발굴'은 눈에 보이지 않는 곳에 묻혀 있는 옛날 유적이나 유물을 밖으로 드러내는 일을 말해요. 전곡리 유적은 한두 번의 발굴로 끝내지 못할 정도로 넓었어요. 땅을 네모나게 나누고 그 안을 조심스럽게 파 내려가다 보면 유물이 있는 곳에 이르러요. 왼쪽 아래 사진은 발굴할 때 모습을 복원한 것으로, 발굴 당시의 상황을 알려 줘요. 바닥에 있는 돌들은 발굴해서 찾은 석기예요. 우리나라에서 주먹 도끼는 한탄강과 임진강 부근에서 많이 발견되었는데, 특히 전곡리가 중심이었죠.

　이 석기들처럼 발굴된 유물 가운데 역사적·학술적 가치가 큰 유물은 국가가 소유하도록 되어 있어요. 따라서 중요하다고 판단한 이 주먹 도끼는 국립 기관인 국립중앙박물관으로 오게 된 것이랍니다.

유물들은 어디에서 왔을까?

박물관에 있는 유물은 처음부터 박물관에 전시하려고 만들어진 건 없어요. 다른 어딘가에 있다가 발견, 발굴, 조사, 구입, 기증 등 여러 가지 방법으로 박물관으로 왔어요.

주꾸미가 건져 올린 청자 접시

2007년 5월, 충청남도 태안 앞바다에서 한 어부가 주꾸미 통발을 건져 올렸는데, 주꾸미와 함께 웬 접시가 같이 딸려 왔어요. 알고 보니 주꾸미가 빈 소라껍질에 알을 낳고 근처에 있던 청자 접시로 입구를 막고 있었는데, 낚싯줄에 함께 올라온 것이었죠. 이 소식을 접한 문화재청에서 청자 접시가 나온 바다를 조사했어요. 이 조사에서 청자를 운반하던 배를 역사상 세 번째로 발견했고, 모두 2만 3천 점의 청자를 건져 올렸어요. 막대한 청자가 발굴된 것을 기념해 충청남도와 태안군에서는 주꾸미 동상을 만든다는 계획을 발표하기도 했죠. 정작 주인공 주꾸미는 팔려 나가고 없었지만요.

우리나라 법에는 소유가 분명하지 않은 발견 유물은 국가가 소유하게 되어 있어요. 따라서 유물을 발견하면 먼저 나라에 신고를 해야 해요. 아래 유물은 여덟 개의 방울이 달린 청동기 '팔주령'으로, 함께 발견된 청동기들과 함께 국보 143호로 지정되었어요. 1971년 전라남도 화순군 대곡리에서 배수로 작업을 하던 사람이 땅속에서 유물들을 발견했는데, 바로 고물 장

땅속에서 우연히 발견된 팔주령
(국보 143-2호, 국립광주박물관)

수에게 팔았어요. 다행히 고물 장수는 이 청동기들이 예사롭지 않다고 생각해 나라에 신고했고, 이듬해 모두 국보로 지정되었어요. 만약에 그대로 공장에 팔았다면 이 유물의 운명은 어떻게 되었을까요?

　박물관에서는 필요한 유물을 구입하거나 경매에 참여해 확보하기도 해요. 아주 중요한 유물인 경우 외국에서 진행하는 경매에도 참여하죠. 〈설법하는 네 부처(사불회도)〉는 국립중앙박물관에서 1997년 뉴욕에서 열린 소더비 경매에서 71만 7,500달러(당시 환율로 6억 3천만 원)에 구입한 거예요. 우리나라에 조선 전기의 불화가 많지 않을 뿐만 아니라 부처 네 분이 있는 작품은 거의 없어 구입했다고 해요.

　소장자가 박물관에 기증하는 경우도 있어요. 국립중앙박물관 2층 기증관에는 기증받은 유물들이 전시되어 있어요. 기증자들은 유물을 안전하게 관리하고 여러 사람들이 볼 수 있도록 박물관에 기증하죠. 특히 이홍근 선생은 지금까지 가장 많은 5천 전에 가까운 유물을 기증하고 연구 기금까지 기부했어요.

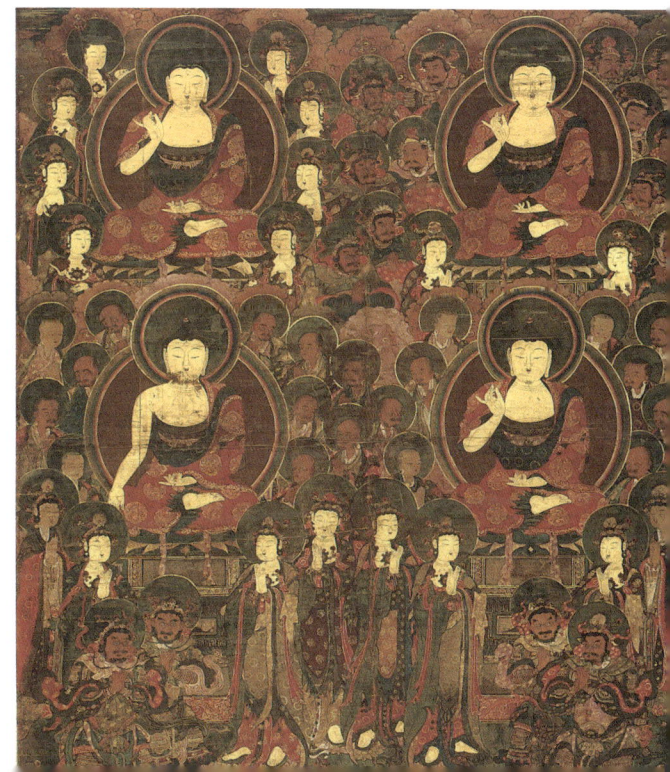

▲ 이홍근 선생이 기증한 유물 가운데 하나인 '백자 청화 구름 용무늬 항아리'
▶ 〈설법하는 네 부처〉(보물 1326호)

외국에서 돌아온 유물들

외국에도 우리나라의 유물들이 적지 않게 있어요. 정당한 절차에 따라 나간 것도 있지만, 강제로 빼앗긴 것도 많아요. 1866년 프랑스가 강화도를 공격해 강제로 빼앗은 왕실 도서인 『외규장각 의궤』를 비롯해 일본 도쿄대 도서관에 소장되었던 『조선왕조실록』, 일본 궁내청에 소장되었던 왕실 관련 『의궤』가 대표적이었어요.

우리나라 유물이 불법적으로 외국에 나간 것을 안타까워한 사람들은 다시 되찾아오기 위해 여러 노력을 기울였어요. 환수 위원회를 만들어 유물이 불법적으로 나갔다는 사실을 널리 알리고, 법적인 문제를 제기했어요. 문화재 환수 운동은 강제로 빼앗긴 우리 유물들을 제자리로 돌려놓는다는 의미뿐만 아니라 과거의 아픈 역사를 치유하는 일이었어요.

일본 도쿄대 도서관에 있던 『조선왕조실록』은 일제 강점기 때인 1914년, 강제로 가져간 것이었죠. 환수 위원회가 활동을 시작하자 2006년 도쿄대에서 우리나라에 기증한다며 돌려보냈어요. 사실 기증이 아니라 반환이라고 해야겠죠. 우여곡절 끝에 돌아온 이 책을 기념해 국립고궁박물관에서 특별전을 열었어요. 또 일본 왕실 업무를 보는 궁내청에 있던 조선 왕실 『의궤』의 환수 운동도 벌였어요. 이런 노력이 성과를 거둬 우리나라 옛 책과 조선 왕실의 『의궤』를 돌려받을 수 있었어요.

프랑스 국립도서관에는 병인양요 때 약탈해 간

국내로 돌아온 것을 기념하여 열린 『조선왕조실록』 특별전

145년 만에 돌아온 297권의 『외규장각 의궤』의 귀환을 축하하는 행사

『외규장각 의궤』가 소장되어 있었어요. 오랫동안 그 사실이 알려지지 않았는데, 프랑스 국립도서관에서 근무하던 박병선 선생의 노력으로 알려지게 되었죠. 그 뒤로 우리나라에서는 끊임없이 돌려달라고 요구했어요.

우여곡절 끝에 2011년, 『외규장각 의궤』가 우리나라로 돌아왔어요. 이때 우리나라에서는 '귀환'이라는 표현을 썼어요. 우리나라와 프랑스 사이에 체결한 합의문에 '프랑스 측은 외규장각 왕실 도서관에서 나온 조선 왕실의 의궤 297권 전체를 한국 측에 대여한다. 5년마다 다시 대여를 한다.'라고 되어 있어요. 프랑스가 우리나라에 돌려주는 것이 아니라 빌려 주는 형식이기 때문에 반환이나 환수와 같은 표현을 쓰지 못했어요. 하지만 우리나라의 끈질긴 노력으로 이룬 큰 성과였죠. 지금도 불법으로 외국에 나간 우리 유물을 되찾는 일은 계속되고 있어요.

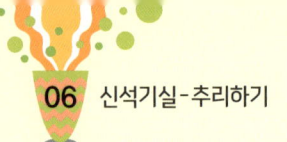 06 신석기실-추리하기

빗살무늬는 왜 그렸을까?

신석기실에 전시된 다양한 무늬를 가진 토기들

"뭘 보고 무늬를 그렸을지 상상해 봐!"

"내 생각엔 꼬깔콘을 따라 만든 것 같아."

"꼬깔콘이 있다고? 어디, 어디?"

신석기실에는 '신석기'라는 이름과 달리 돌을 갈아 만든 유물은 많지 않아요. 그 대신 다양한 재료로 만들어진 유물들을 볼 수 있어요. 특히 흙으로 빚어 구워 만든 그릇인 토기가 가장 많아요. 토기의 크기나 모양, 무늬가 다 다른데 그 가운데에서도 바닥이 뾰족하고 몸통에 지그재그무늬가 있는 토기가 가장 널리 알려졌어요. 지그재그무늬를 포함해 누르고 찍고 그어 만든 기하학적 무늬가 있는 토기를 통틀어 '빗살무늬 토기'라고 불러요. 그동안 빗살무늬 토기는 여러 면에서 사람들의 궁금증을 불러 일으켰어요.

'왜 이 시대에 등장했을까? 왜 바닥이 뾰족할까? 어떻게 사용했을까? 무늬에는 어떤 뜻이 담겨 있을까?'

신석기 시대에 접어들자 날씨가 따뜻해지면서 먹을 것이 많아졌어요. 그 덕분에 남는 먹을거리를 담거나 먹을 것을 불에 조리할 그릇이 필요해졌죠. 모래나 흙에 박아 넣고 썼기 때문에 바닥이 뾰족해요. 이처럼 등장 시기나 바닥이 뾰족한 이유에 대한 의견은 대체로 비슷해요. 하지만 무늬에 대해서는 의견이 달라요. 토기를 구울 때 단단해지라고 만들었다, 풍요나 태양 혹은 물을 상징한 것이다, 어떤 역할이나 상징을 가지고 만든 게 아니다 등 다양한 의견이 있어요. 어떤 면을 중요하게 보는가에 따라 달라져요. 무늬의 역할이나 상징이 아닌 다른 의견은 또 어떤 것이 있는지 신생님과 이야기를 나누어 볼까요?

바닥이 뾰족한 빗살무늬 토기

빗살무늬는 어디에서 온 걸까?

아이 언제부터 빗살무늬 토기의 무늬에 관심을 갖게 되셨나요?

선생님 사실 처음에는 빗살무늬에 별 관심이 없었어요. 그러다 어느 전시에서 "토기를 단단하게 하기 위해 무늬를 넣었다."는 이야기를 들었어요. 정말일까 싶어 아는 도예가에게 물어봤더니 "그럴 수 있다."는 거예요. 그런데 '무늬를 넣으면 토기가 단단해진다는 걸 처음부터 알고 그랬던 걸까?' 하는 의문이 남았어요.

아이 그래서 어떻게 하셨어요?

선생님 어느 박물관에 가든 빗살무늬 토기를 찾아봤어요. 한번은 국립경주박물관에서 빗살무늬 토기를 보는데 갑자기 가로세로로 엮인 무늬가 눈에 들어왔어요. 그렇게 보인 건 처음이었죠. '아마 토기를 만들기 전에는 식물을 엮어 만든 바구니를 썼을 텐데, 그렇다면 토기를 처음 만들 때 그런 바구니의 무늬처럼 새기지 않았을까?'라는 데까지 생각이 미쳤어요.

빗살무늬 토기(국립경주박물관)

빗살무늬가 선명하게 보이는 소쿠리
(국립민속박물관)

아이 바구니의 무늬에서 영향을 받았을 거란 말씀이세요?

선생님 그렇죠. 그런데 우리나라에서는 토기가 등장하기 전에 만들어진 바구니는 한 점도 남아 있지 않아요. 아쉬운 대로 국립민속박물관을 찾아갔어요. 그곳에서 식물로 만든 다양한 바구니들을 찾아서 무늬를 중심으로 살펴봤죠. 지그재그무늬뿐만 아니라 다른 무늬들도 보았는데 대부분 빗살무늬 토기에서도 볼 수 있는 것들이었어요. '이거다!' 싶었죠.

아이 그런데 선생님보다 먼저 이런 생각을 한 사람들은 없었어요?

선생님 다양한 바구니를 소개한 책을 찾아보다 알았죠. 어느 책에서 이미 토기를 만들기 전 바구니를 만들어 사용했고, 토기에 보이는 문양은 바구니에 보이는 문양에서 영향을 받았을 것으로 추측하고 있더라고요. '아, 같은 생각을 하는 사람이 있었구나!' 생각했죠. 그 책에서 소개한, 대략 1900년 전쯤 중앙아시아에서 만들어진 밑이 뾰족한 바구니가 국립중앙박물관에 있다는 사실을 알았어요. 그 바구니를 중앙아시아실에서 내 눈으로 봤을 때 심장이 뛰더라고요.

아이 무척 기쁘셨겠어요. 하지만 이 의견이 꼭 맞다고 볼 수는 없잖아요?

선생님 그렇죠. 다만 유물을 대할 때 이런 과정을 거쳐 다양한 생각을 해 볼 수 있다는 걸 말해 주고 싶었어요.

중국 서쪽 위구르 지역에서 출토된 바구니들

빗살무늬 토기에서 무늬 없는 토기로

신석기 시대 토기의 무늬는 빗살무늬 말고도 다양해요. 지금까지 한반도 북부에서 남부에 이르는 여러 지역에서 다양한 무늬의 토기가 발견되었는데, 아래 사진에서 보이는 것처럼 지역마다 개성이 있어요.

❶ 서울 암사동에서 나온 토기
❷ 함경북도 청진에서 나온 토기
❸ 전라북도 진안에서 나온 바리
❹ 충청북도 청원에서 나온 바리
❺ 부산 동삼동에서 나온 바리
❻ 강원 양양 오산리에서 나온 바리

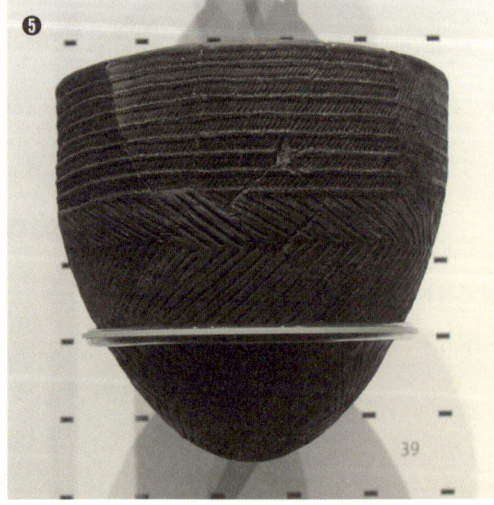

빗살무늬는 오랫동안 신석기 시대를 주름잡았어요. 그러다가 토기 아래쪽부터 변화가 일어나 처음에는 바닥에 있는 무늬가, 다음에는 몸통의 무늬가 사라지고 아가리에만 간략한 무늬가 남았어요.

신석기 시대를 뒤이은 청동기 시대에는 아예 무늬가 없는 토기가 대부분을 차지했어요. 아가리 부분에 구멍이나 간략한 빗금을 두른 토기가 남아 있긴 하지만요. 그래서인지 신석기 시대의 토기에 견주어 보면 멋이 없어졌다고 느껴지기도 해요.

청동기 시대의 토기에서 몇 가지 중요한 변화가 일어났어요. 농사를 중심으로 하는 사회로 변화하면서 신석기 시대에 비해 그릇의 종류가 다양해졌어요. 토기를 굽는 가마가 일정한 크기가 되고, 토기를 튼튼하게 하는 기술도 발전했어요. 색깔과 겉모습에 변화가 일어나 얼룩덜룩한 색보다 한 가지 색을 골고루 보이게 하고 곡선을 강조했죠. 무늬를 거의 넣지 않은 대신 일부러 붉은색이나 검은색으로 칠하기도 했어요.

이런 토기들이 무덤에서 많이 발견되는 걸 보면 검은색과 붉은색은 제례와 관련된 특별한 상징이었다고 볼 수 있어요.

붉은 간 토기   검은 간 토기   가지무늬 토기

도토리의 힘

여러 박물관의 신석기실에 자주 전시되는 유물은 갈돌과 갈판, 도토리예요. "아, 신석기 시대 사람들은 도토리를 따서 이렇게 갈아서 먹고살았나 보다. 끝!" 이 정도로만 생각하고 지나치기 쉬워요.

그런데 만약 가을에 도토리가 떨어지는 모습을 보았다면 생각이 여기에서 그치지 않을 거예요. 바람이 불 때마다 도토리가 '후드득'거리며 떨어지죠. 이만큼 떨어졌으면 다 떨어졌겠지 싶은데 다음 날에도, 또 그다음 날에도 계속 떨어져요. 며칠 동안 지켜본다면 참나무 한 그루에서 상상하기 힘들 만큼 도토리가 많이 열린다는 걸 알게 되죠.

"1만 8천 년 전을 기점으로 지구의 기온이 올라가 1만 년 전에는 지금과 같은 해안선의 모습을 갖추었다. 이러한 기후 변화로 숲이 온대성 활엽수림인 참나무속으로 바뀌었다."

국립중앙박물관에서 열린 '신석기인, 새로운 환경에 적응하다' 특별전의 설명글이에요. 다른 말로 날씨가 따뜻해지면서 사람이 먹을 수 있는 도토리가 아주 많아졌다는 뜻이죠. 이 전시에서는 특별히 토기에 도토리를 수북하

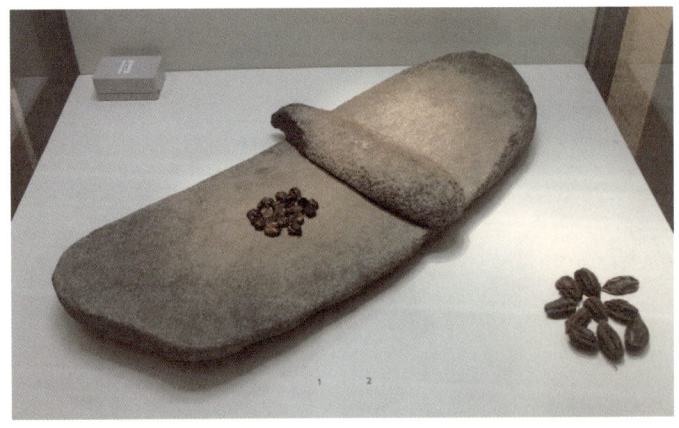

이렇게 도토리를 갈았으면 무릎이 무척 아팠겠다!

열매나 곡식의 껍질을 벗기거나 가루를 만드는 데 사용한 갈돌과 갈판

게 담아 전시했어요. 지금도 참나무는 우리나라 산에 가장 많은 나무로, 몇몇 곳을 제외하고는 전국에 분포한다고 해요.

미국의 한 인류학자는 도토리가 신석기 시대에 어떤 역할을 했는지 연구했어요. 이 인류학자에 따르면 이스라엘, 시리아 지역의 날씨가 따뜻해지면서 참나무와 피스타치오가 많이 자란 덕분에 사람들이 머물러 살만큼 충분한 열매가 열렸다고 해요. 특히 이 열매들은 잘 썩지 않아 오랫동안 저장하기 좋았고, 영양가도 높았어요. 먹고 남는 열매를 두고두고 먹기 위해 저장용 구덩이를 팠다고 하죠. 사람들이 신석기 시대에 정착 생활을 하는 데 도토리가 큰 역할을 했다는 걸 짐작할 수 있어요. 시간이 한참 흐른 조선 시대에도 흉년이 들었을 때 도토리가 비상식량의 역할을 했어요.

도토리는 날것 그대로 먹을 수 없어요. 신석기 시대에는 갈돌과 갈판으로 갈아 가루로 만들어요. 물과 섞어 전분은 가라앉히고 떫은맛을 내는 윗물은 버렸어요. 이때 토기를 이용했겠죠. 도토리묵을 만들어 먹으려면 끓여야 하는데, 이때도 토기를 이용했을 거고요. 신석기 시대에는 도토리뿐만 아니라 다른 먹을거리도 늘어나 끓여 먹을 일이 늘어났답니다.

신석기 특별전에 전시된 여러 종류의 그릇과 숟가락

07 청동기·고조선실-확장하기

농경문 청동기(보물 1823호) 하나만 전시한 진열장

농경문 청동기에서 무엇을 읽어 낼 수 있을까?

　청동기 시대를 대표하는 농경문 청동기를 만나러 청동기·고조선실로 들어갔어요. 역사책에서 빠지지 않고 소개하는 농경문 청동기는 어디 있을까요? 혼자 뽐내며 서 있는 진열장으로 가 봐요. 진열장에 대롱대롱 매달린 게 농경문 청동기예요. 어림짐작해 봐도 손바닥보다 크지 않을 것 같아요.
　"요만했어!"
　사진에서 볼 때는 이 정도로 작을 거라고는 생각하지 않았는데 요만한 유물이 단독 진열장에 자리 잡고, 보물로 지정되기까지 했어요. 농경문 청동기

농사짓는 모습이 새겨진 농경문 청동기 앞면

에 뭔가 중요한 비밀이 숨어 있는 것 같아요. 비밀을 찾으려면 좀 더 꼼꼼하게 살펴봐야겠죠?

전시된 면을 보면 모두 세 부분에 그림이 있어요. 오른쪽 윗부분에는 머리에 긴 깃털을 단 사람이 끝이 갈라진 도구로 뭔가를 하고 있어요. 도구 아래에는 줄이 죽죽 그어져 있고요. 이 그림은 봄에 '따비'라는 도구로 밭을 가는 의식을 표현한 것이래요. 그 그림 아래에는 한 사람이 기역자 모양의 도구를 어깨 위로 올리고 있는데, 괭이로 땅을 일구는 모습이죠. 왼쪽 윗부분에는 어떤 사람이 뭔가를 항아리에 담고 있어요. 가을에 수확한 곡식을 담는 것 같죠. 깨진 부분에는 농작물을 거두어들이는 모습이 있었을 것 같아요.

이 그림에서 읽어 낼 수 있는 건 이게 전부일까요?

그림으로 읽을 수 있는 것

농경문 청동기에는 봄부터 가을까지 농사짓는 모습이 새겨져 있어요. 봄에 땅을 갈아 씨를 뿌리고, 가을에 곡식을 거둔다는 의미죠. 그림은 단순해 보이지만 중요한 내용을 전해 줘요. 신석기 시대에 시작된 농사가 청동기 시대에 이르자 채집·사냥과는 비교할 수 없을 정도로 중요해졌다는 걸 뜻해요.

청동기 시대 이후 농사는 우리 경제를 떠받치는 근간이자 삶의 바탕이 되었어요. 시간도 농사를 기준으로 바뀌었어요. 사계절의 변화에 맞춰 꼭 그때 해야 할 농사일이 있어요. "철들었다."는 말을 들어 본 적 있죠? 자연의 변화, 즉 철에 따라 해야 할 농사일을 제때에 한다는 뜻이에요. "벼는 농부의 발자국 소리를 듣고 자란다."는 말도 있어요. 때를 놓치지 않고 열심히 일해야 결실이 많아진다는 거예요. 봄에 씨 뿌리고 가을에 결실을 거둔 뒤에는 축제를 벌였죠.

농경문 청동기에는 세 사람이 등장해요. 머리에 긴 깃털을 단 사람은 봄에

나무에 앉은 새가 새겨진 농경문 청동기 뒷면

한 해 농사가 잘되게 해 달라는 의식을 치르는 사람이에요. 이 사람은 제사장이자 족장일 가능성이 크죠. 이 시대의 족장은 의식을 담당하고 다른 사람을 동원할 수 있는 힘을 가졌어요. 고인돌 같은 거대한 무덤을 보면 족장이 어떤 위치에 있

청동 잔무늬 거울
(국보 141호, 숭실대 기독교박물관)

었는지 짐작할 수 있어요. 족장은 점차 힘을 키워 이웃 부족과 경쟁하고 전투를 벌여 이기면서 더 큰 힘을 얻었어요.

이번에는 괭이를 든 사람을 볼까요? 괭이를 든 사람은 농사를 짓는 농민인 것 같아요. 이들이 있기에 농사를 짓지 않는 족장 같은 사람이 존재할 수 있어요. 같이 일하고 같이 먹을 것을 나누는 사회에서 점차 일하는 사람과 일을 하지 않는 사람이 나뉘고, 생산물도 불공평하게 분배되는 사회로 바뀌었죠. 청동기 시대에 접어들어 불평등 사회가 시작되었다고 해요. 농사를 짓는 사람들 덕분에 어떤 사람들은 다른 전문적인 일을 할 수 있었죠. 대표적인 청동기인 '청동 잔무늬 거울'은 오랜 기간 기술을 축적한 장인이 아니고서는 도저히 만들 수 없는 작품이에요.

진열장 뒤로 가면 농경문 청동기 뒷면을 볼 수 있어요. 사실 아랫부분에 달린 고리를 보면 이 면이 진짜 앞면이란 걸 알 수 있어요. 이 면에는 양쪽으로 갈라진 나뭇가지에 앉은 새 그림이 있어요. 이 시대에는 새가 땅과 하늘을 날아다니며 인간과 하늘을 이어 준다고 믿었어요. 이 시대 사람들은 하늘에 한 해 농사가 잘되게 해 달라고 빌고, 농사가 끝나면 잘 끝내게 해 줘서 고맙다고 빌었을 거예요. 이때 족장이 이 청동기를 목에 걸고 하늘에 제사를 지냈을 거예요.

농사지을 땅과 농사짓는 도구

농사를 짓기 위해서는 논과 밭 즉 농토가 꼭 필요해요. 농민에게 농토는 목숨과도 같아요. 농경문 청동기에는 이랑과 고랑이 표현된 밭이 나오죠. 그런데 점점 농토를 많이 가진 사람이 생기는 한편으로 아예 농토 하나 없는 사람도 생겼어요. 농토가 없는 사람은 다른 사람에게 농토를 빌려서 대가를 지불하고 농사를 지어야 했어요. 농토를 많이 가진 사람은 더 잘살고 그렇지 않은 사람은 겨우겨우 살거나 때로는 도저히 살 수 없는 지경에 이르기도 했죠. 그래서 조선 후기의 유명한 실학자 정약용은 농사짓는 사람만 농토를 가져야 한다고 주장했어요. 현재 우리나라 법에도 농사짓는 사람만 농토를 소유할 수 있다고 규정하고 있어요.

농토는 나라 운영을 위해 걷는 세금의 바탕이 되었어요. 농토의 면적이나 수확량에 따라 세금을 걷었죠. 그 때문에 나라의 기본 정책은 농민이 농사를 잘 지을 수 있도록 하는 것이었어요. 나라가 잘 운영될 때는 농민이 안심하고 농사를 지었지만, 나라가 혼란해질수록 농민이 제대로 농사를 짓지 못했어요. 왕건이 고려를 세우고 왕이 된 뒤 일정 기간 세금을 받지 않은 건 농민을 안정시키기 위해서였죠. 조선의 세종은 세금을 걷는 방법을 두고 무려 17년 동안 신하들과 토론하고 17만 2,806명에게 의견을 들었다고 해요.

농경문 청동기에는 농사지을 때 필요한 도구가 등장해요. 따비는 사람의 힘으로 땅을 가는 도구예요. 나중에 소가 끄는 쟁기가 등장하면서 땅을 더 많이 더 깊게 갈 수 있게 되었어요. 괭이 역시 땅을 갈 때 사용한 도구로, 가장 다양하게 쓰였죠. 농경문 청동기에는 보이지 않지만 "낫 놓고 기역자도 모른다."는 말에 나오는 낫은 풀을 베거나 벼를 수확할 때 쓰는 대표적인 도

저 넓은 밭을 저런 도구로 어떻게 일궜지?

◀ 경상남도 진주 대평리 청동기 시대의 밭
▲ 돌과 나무로 만들어진 각종 농사 도구들

구죠. 곡식을 수확하는 도구로 반달형 돌칼도 많이 쓰였어요. 이후 농사 도구는 점점 늘어나 무려 150여 가지나 되었어요. "밭농사는 호미 끝 가는 대로 된다."는 말처럼 만능 도구인 호미는 훗날 많이 쓰였어요.

농사에는 물이 절대적으로 필요해요. 아무리 농토가 많고 기름져도 물이 없으면 농사를 지을 수 없어요. 많은 물이 필요한 논농사는 말할 필요도 없죠. 가끔 큰 가뭄이 들 때 뉴스에서 거북 등처럼 갈라진 논을 보여 주잖아요. 농사는 필요할 때 물을 확보하는 일이 무척 중요해요. 그래서 물을 가두는 저수지를 만들고 물길을 정비하고 둑을 잘 쌓았어요. 한참 뒤에 만들어진 제천 의림지, 김제의 벽골제는 물을 가두었다 필요할 때 쓰는 역할을 했어요. 농업 사회에서 뛰어난 왕이 되려면 물 관리를 잘해야 했답니다.

사라질 뻔한 유물, 사라진 유물

청동기 시대의 비밀을 간직한 농경문 청동기는 하마터면 영영 사라질 뻔 했어요. 원래 무덤 안에 있었을 이 유물이 어찌된 일인지 고물상에 있었거든요. 예전 고물상은 요즘의 재활용 센터와 비슷한 곳으로, 낡은 쇠나 종이, 전자 제품을 모아 필요한 곳에 되파는 곳이었어요. 만약 농경문 청동기가 이곳에 계속 있었더라면 쇠 공장으로 보내져 다른 물건으로 만들어졌을 거예요.

신의 뜻이었는지 농경문 청동기는 마침 고물상에 들른 한 골동품 상인의 눈에 뜨였어요. 녹이 슬었지만 보통 물건이 아니란 걸 직감적으로 알아본 상인은 농경문 청동기를 구입해 국립중앙박물관에 다시 팔았어요. 박물관에서 녹을 제거하자 농사를 짓는 그림이 선명하게 드러났어요. 이 그림을 보고 박물관 사람들의 눈이 휘둥그레지지 않았을까요?

농경문 청동기처럼 간발의 차이로 살아난 유물들이 더 있어요. 가야의 한 나라였던 아라가야의 중심지인 경상남도 함안에서 있었던 일이에요. 어느 날 아침 신문을 배달하던 학생이 아파트 공사장을 지나다가 예사롭지 않은 물건들을 봤어요. 공사 중이라 금방이라도 훼손될 듯한 상황이어서 마침 대

말을 보호하기 위해 사용한 말 갑옷(국립김해박물관)

학에서 역사를 공부한 신문 배달국 책임자에게 이 사실을 알렸어요. 이 책임자는 이 물건들이 가야의 유물이란 걸 알고 문화재 당국에 재빨리 신고했어요. 그러자 담당자가 부리나케 달려와 공사를 중지시키고 긴급 발굴을 시작했어요. 발굴 결과 우리나라 최초의 말 갑옷을 찾았고, 말 갑옷이

안압지 주사위(복제품)

나온 무덤을 마갑총이라고 이름 붙였어요. 만약 신문 배달을 하던 학생이 그냥 지나쳤다면 말 갑옷은 어떻게 되었을까요?

농경문 청동기나 말 갑옷처럼 운이 좋은 유물도 있지만, 어이없이 사라진 유물도 있어요. 위 사진 속 주사위는 경주 안압지에서 발견된 통일신라 시대의 주사위예요. 나무로 만들어졌지만 진흙 속에 파묻혀 있어서 썩지 않은 채 전해졌어요. 그런데 흔히 보는 주사위와 모양이 많이 다르죠. 6면이 아니라 14면으로 이루어졌고 숫자가 아니라 글이 쓰여 있어요. 글을 몇 개 읽어 볼까요? '덤벼드는 사람이 있어도 가만히 있기, 얼굴 간질여도 꼼짝 않기, 노래 없이 춤추기, 술을 다 마시고 크게 웃기, 누구에게나 마음대로 노래를 청하기, 스스로 노래 부르고 마시기, 여러 사람이 코 때리기' 등 모두 벌칙이네요. 이 벌칙을 보면 통일신라 사람들이 노는 모습이 눈에 떠오르죠.

그런데 사진 속의 주사위는 진짜가 아니에요. 복제품이죠. 그러면 진짜는 어디로 갔을까요? 한 연구원이 발굴한 나무 주사위를 말리려고 전기 오븐에 넣었어요. 그런데 그만 온도 조절기가 고장 나 주사위가 타 버렸다고 해요. 타 버린 주사위를 발견한 연구원은 어쩌면 기절하지 않았을까요? 유물의 보존을 위해 최선을 다해도 사람이 예측할 수 없는 일이 벌어지곤 해요.

08 청동기·고조선실 - 의심하기

고조선을 얼마나 알고 있을까?

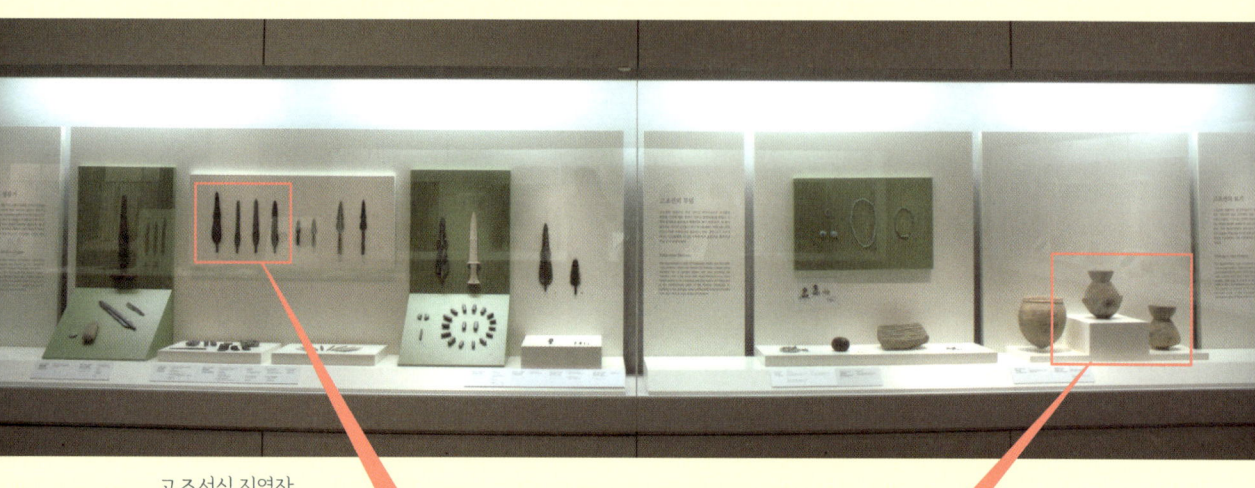

고조선실 진열장

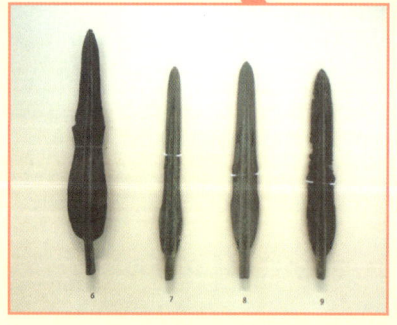

요령식 동검

미송리식 토기

어떤 나라에서 만든 유물들일까?

고조선!

우리 역사의 첫 나라요!

청동기·고조선실! 처음으로 전시실에 나라 이름이 나타났어요. 고조선 하면 무엇이 떠오르나요? 단군 신화, 단군 할아버지, 우리 역사의 첫 나라, 곰, 호랑이, 개천절……. 진열장에 어떤 유물이 전시되었는지 볼까요? 왼쪽에는 요령식 동검(비파라는 악기를 닮았다고 해서 비파형 동검이라고도 불러요.), 오른쪽에는 미송리라는 마을의 한 동굴에서 발견된 데서 유래한 미송리식 토기가 있어요. 이 유물들은 단군 할아버지가 먼저 떠오르는 고조선과 어떤 관계가 있는지 청동기와 토기를 설명한 오른쪽 위 글을 읽어 볼까요?

설명글에 따르면 고조선 지역에서는 요령식 동검과 미송리식 토기가 나온다고 해요. 그리고 탁자처럼 생긴 무덤인 탁

고조선의 청동기

고조선의 특징적인 청동기인 요령식 동검은 몸체가 비파(琵琶)라는 악기를 닮아 '비파형 동검' 이라고도 불린다. 전형적인 요령식 동검의 형태는 검몸(劍身) 아랫부분이 폭이 넓고 둥근 비파 모양을 이루며, 좌우 돌기(突起)가 뚜렷한 것이 특징이다. 또한 검몸과 자루를 따로 만들어 조합하는 형식으로, 한 몸으로 만드는 중국식 동검과는 차이가 있다. 요령식 동검은 중국 랴오닝(遼寧) 지역을 중심으로 지린(吉林), 한반도 동지에서 출토되고 있다.

고조선의 토기

고조선의 대표적인 토기(미송리식 토기)이다. 평안북도 의주 미송리의 동굴 유적에서 처음 발견되어 '미송리식'이라고 부른다. 이 토기는 납작한 바닥에 아가리가 점차 벌어지는 형태로 통통한 몸체에 띠 모양 손잡이가 마주보게 달려 있다. 주로 돌널무덤에서 출토되며 청천강 이북으로부터 랴오닝(遼寧), 지린(吉林) 지역에 걸쳐 분포하고 있다. 같은 시기 청천강 이남 한반도 서북 지역에서는 팽이 모양 토기가 사용되었다.

고조선의 청동기와 토기에 대한 설명글

탁자식 고인돌 영상의 한 장면

자식 고인돌이 발견된다고 하죠. 탁자식 고인돌은 진짜 유물 대신 전시실 한 켠에서 방송사에서 제작한 영상물로 보여 줘요. 흔히 탁자식 고인돌, 요령식 동검, 미송리식 토기 이 셋이 고조선의 대표적인 유물이라고 해요. 다시 말하면 이 삼총사가 발견되는 곳이 곧 고조선의 영역 또는 문화권이라는 거예요.

이 삼총사가 들려주는 고조선 이야기를 한번 들어 볼까요?

지도를 다시 읽어 보자

아래 지도는 고조선의 대표 유물 삼총사가 어디에서 발견되었는지 표시한 지도예요. 고조선을 설명할 때 자주 쓰여요. 요령식 동검은 한반도 남쪽부터 북한을 거쳐 중국까지 폭넓게 분포되었어요. 미송리식 토기는 북한 일부 지역과 중국 일부 지역에서 발견되었고, 탁자식 고인돌 역시 비슷해요. 그리고 세 유물이 공통적으로 발견된 지역을 포함해 넓은 지역을 고조선의 문화 범위라고 생각해 같은 색으로 칠했어요. 한눈에 봐도 고조선의 문화 범위는 남북한을 합친 것보다 더 넓어요.

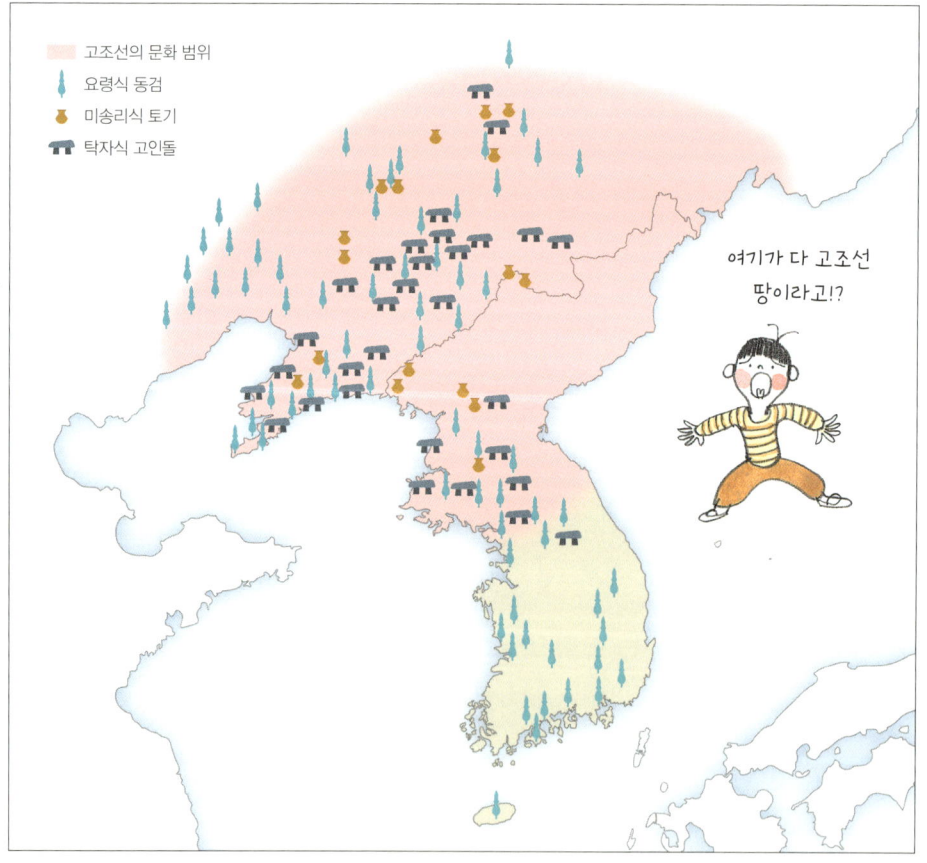

세 가지 유물이 분포된 지도

이 지도를 보면 어떤 생각이 드나요? 고조선이 이렇게 넓었다니! 우리 역사의 첫 나라가 이 정도라면 어깨가 으쓱할 만하죠. 좁은 한반도가 아니라 그 옛날 드넓은 만주 벌판을 호령했다고 생각하면 심장이 꿈틀거리기까지 해요. 이 지도가 진짜 전해 주고 싶었던 건 이런 게 아니었을까요?

이쯤에서 마음을 진정하고 다시 지도를 살펴봐요. 어떤 연구자들은 고조선 대표 유물 삼총사 가운데 요령식 동검이나 미송리식 토기가 왜 고조선을 대표하는 유물이 되어야 하는지 의심해요. "먼저 이건 고조선 것이야."라고 미리 정한 뒤 "그러니까 이게 나오면 고조선 영역이라고 볼 수 있어."라는 결론을 내렸다는 거예요. 전제가 잘못되었기 때문에 진짜 이 유물들이 고조선 것인지 먼저 자세하게 따져 봐야 한다고 거죠. 요령식 동검이 남부 지방에서도 나온 것처럼 유물들은 여러 가지 이유로 이곳저곳으로 옮겨다닐 수 있는데, 이것을 고조선 문화의 증거로 보는 건 문제가 있다고 주장하기도 해요.

이런 의견을 귀담아 듣는다면 지도에서 같은 문화권이라고 여기고 같은 색으로 칠하는 건 신중해야 할 것 같아요. 색도 중요한 정보거든요. 한 가지 색으로 칠하면 다른 가능성들은 무시되죠. 색을 빼고 지도를 본다면 전하는 느낌이 달라질 거예요.

이 지도에서 놓치지 말아야 할 부분이 또 있어요. 역사 지도는 어느 시기를 나타내는 건지 밝혀야 의미가 있어요. 그런데 이 지도를 보면 고조선 때라는 것 외에는 아무런 정보가 없어요. 그러다 보니 이 지도만 보고 고조선이 등장할 당시 모습이라는 건지, 강력한 힘을 뻗었을 때라는 건지, 아니면 쇠퇴해 갈 무렵이라는 건지 알 수 없어요. 지도가 제 역할을 하려면 어느 시기의 것인지, 시기에 따라 어떻게 변화했는지 제대로 알려 줘야 해요.

고조선에 대해 논쟁이 치열한 이유

고조선 대표 유물 삼총사로 고조선의 영역이나 문화권을 헤아려 보는 건 신중해야 해요. 그만큼 고조선에 대해 확실히 알려져 있는 건 아주 적거든요. 지금도 고조선의 중심지가 어디였는지를 두고 저마다 의견이 달라요. '처음부터 마지막까지 중국의 요동 지방이라는 곳에 있었다, 처음부터 끝까지 평양에 있었다, 아니다 요동에 있다가 중국의 연나라에게 패한 뒤 평양으로 옮겼다.'라는 의견까지 있어요. 그뿐만 아니라 고조선이 언제부터 시작되었나, 단군 신화는 사실일까를 두고도 논쟁 중이에요.

왜 이런 논쟁들이 벌어질까요? 먼저 고조선에 대해 글자로 전하는 자료나 역사책이 드물기 때문이겠죠. 고조선 당시의 기록이나 가까운 시기의 기록은 우리나라에는 전혀 없고 중국에만 있는데, 그것도 아주 조금밖에 없어요. 그럼 우리나라에서는 언제쯤 고조선에 관한 기록이 나올까요? 고조선이 사라지고 한참 뒤인 고려 시대에 지어진 『삼국사기』에 아주 살짝 보여요. 그러다가 일연 스님이 지은 『삼국유사』에서 비로소 우리가 알고 있는 단군 신화와 고조선의 역사를 찾을 수 있어요. 말할 것도 없이 소중한 기록이지만 고조선의 역사를 자세히 알기에는 부족한 점이 많죠.

또한 고조선의 영역으로 추정되는 곳은 지금 우리나라에 없어요. 모두 북한과 중국에 있어요. 강화도의 참성단에 단군과 관련된 이야기가 전해지기는 하지만 고조선의 영역이었다고 보기에는 무리가 있어요. 고조선의 유적이 주로 북한과 중국에 있다 보니 발굴과 자료 수집 등 여러 가지 면에서 많은 어려움을 겪

『삼국유사』

단군이 하늘에 제사를 지내던 곳으로 전해지는 참성단

단군 동상

어요. 조사하고 발굴하고 싶은 곳이 있다 해도 마음대로 발굴할 수 없죠.

　여러 가지 논쟁에도 불구하고 고조선은 우리 역사의 첫 나라라는 상징성이 커요. 그 뒤에 등장한 다른 나라들과 위상이 다를 수밖에 없어요. 그래서 곳곳에 단군상을 만들고 개천절을 국경일로 삼고 전국 체전을 밝히는 성화를 강화도 참성단에서 채화해요. 시기를 거슬러 올라가 보면, 일제 강점기 때 신채호 선생이 고조선의 수도가 처음부터 끝까지 중국에 있었다고 주장해 민족의 자부심을 높였어요. 반면 그 시기 일본의 학자들은 우리나라를 깎아내리려고 고조선을 연구했어요. 고조선이 멸망한 뒤 중국의 한나라에서 한사군을 설치했다는 기록에 주목해 그 증거를 찾으려고 평양 일대를 집중적으로 발굴했어요. 우리나라가 옛날에도 식민지였던 때가 있다고 주장하려고요. 그뿐만 아니라 북한에서는 옛날부터 평양이 문명의 중심이었다는 걸 내세우기 위해 단군의 무덤을 발굴했다고 주장했어요. 자기 나라의 입장과 상황에 따라 고조선을 얼마나 다르게 바라보고 해석하는지 알 수 있어요.

고조선과 관련된 작품 읽기

고조선 이야기 가운데 가장 흥미로운 건 단군 신화예요. 역사학자들은 단군 신화를 어떻게 읽을까요? 호랑이와 곰은 부족의 상징으로, 호랑이 부족과의 싸움에서 승리한 곰 부족이 환웅으로 상징되는 부족과 힘을 합쳐 고조선을 만들었다고 봐요. 단군 신화의 주인공인 단군왕검은 제사장을 뜻하는 단군과 정치적인 지도자를 뜻하는 왕검이 합쳐진 이름이라고 보죠.

국문학자는 단군 신화를 어떻게 읽을까요? 곰이 21일 동안 쑥과 마늘을 먹으며 동굴에 있었던 점을 눈여겨봤어요. 여자가 되어 환웅과 결혼해 단군왕검을 낳았다는 점도요. 이 이야기는 여자가 초경을 치르고 몸을 맑게 하는 쑥과 마늘을 먹었다는 것으로, 결혼할 자격을 갖추는 의식이었다고 말해요.

가벼운 질문을 던질 수도 있어요. 곰과 호랑이가 벌인 내기가 공정한 것이었을까요? 호랑이는 육식 동물이고, 곰은 잡식 동물인데 말이죠. 게다가 100일 동안 먹으라고 했는데 호랑이가 먼저 나갔다고 곰이 21일 만에 여자가 된 것도 좀 이상하죠. 마늘은 삼국 시대에 들어왔다는데, 그럼 곰이 먹은 마늘은 무엇이었을까요? 이런 질문들이 모여 단군 신화를 더욱 풍부하게 만들어요.

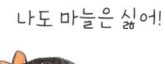

나무 아래 호랑이와 곰이 등장하는 고구려 벽화

공무도하가

여보 물을 건너지 마오(公無渡河)

당신은 그예 물을 건넜네(公竟渡河)

물에 빠져 죽고 말았으니(墮河而死)

아아 당신을 어찌할거나(當奈公何)

에고, 어쩌면 좋아!

　시일까요, 노래일까요? 이 작품은 지금까지 전해지는 가장 오래된 노래로, 고조선 때 작품으로 알려져 있어요. 곡을 모르니 마음대로 불러 봐요. 어떻게 부르든 슬프죠. 이 노래에는 가슴 아픈 사연이 전해져요. 고조선의 뱃사공 곽리자고가 어느 날 새벽 나루터에서 배를 손질하고 있다가 이상한 장면을 목격했어요. 머리가 하얀 미치광이가 술병을 끼고 물에 들어가자 뒤에서 아내가 따라가며 붙잡았지만 결국 물에 빠져 죽었어요. 슬픔에 빠진 아내는 '공후'라는 악기를 들고 〈공무도하〉라는 노래를 부르고는 남편을 뒤따라 물속으로 들어갔어요. 곽리자고는 집에 돌아가 아내인 여옥에게 목격한 사실을 이야기했고, 여옥은 공후를 연주하며 그 노래를 불렀다고 해요.

　이 노래에는 궁금한 점이 많아요. 미치광이 노인은 누구고, 왜 물에 빠졌을까? 그 순간 아내는 왜 노래를 불렀을까? 이 장면은 '신들의 이야기로, 노인은 술의 신이고, 아내는 음악의 신이다, 노인은 고조선이 멸망하자 화를 못 이겨 스스로 목숨을 끊었다, 노인은 정치적인 사건에 휘말려 죽음을 택했고 아내도 죽을 운명이었다, 노인과 아내는 무당으로 신비한 현상에 이끌려 물로 뛰어들었다.'는 의견까지 무척 해석이 다양해요. 이유를 찾다 보면 고조선 사람들이 노래에서 튀어나와 그 이유를 알려 줄 것 같지 않나요?

09 부여·삼한실–다른 자료 활용하기

녹슨 철기를 다시 살려 볼까?

철을 만드는 도구와 철로 만들어진 도구를 전시한 진열장

이 갈색 유물들은 원래 무슨 색이었을까?

초록? 빨강? 근데 저건 왜 다 썩었어요?

이건 뭐지? 이것도 유물?

뭐야, 뭐야?

청동기·고조선실 다음으로 부여·삼한실이 이어져요. 전시실 입구에 갈색으로 변한 여러 가지 유물들이 진열되어 있어요.

철기 사용으로 향상된 생산력은 정치, 경제, 사회 전반에 커다란 변화를 가져왔으며 고대 국가로 발전하는 원동력이 되었다.

진열장에 있는 갈색 유물들은 철로 만든 도구, '철기'예요. 도구의 변화로만 따지면 청동기 시대에 이어 철기 시대라고 불러야 해요. 철기는 고조선 때부터 사용된 이후 점차 여러 나라로 확산되었어요. 설명글대로 이 시대의 역사를 제대로 이해하려면 철기가 뭔지 제대로 알아야 하죠.

진열장 안에 있는 유물들 가운데 가장 도드라져 보이는 것은 철의 원료인 철광석과 가마에 공기를 넣는 원통 모양 송풍관이에요. 사진에는 보이지 않지만 철기를 만드는 데 쓰던 망치와 숫돌도 전시되어 있어요.

그 옆에는 도끼와 같은 연장, 따비, 낫, 쇠스랑 등 농사 도구들이 전시되어 있어요. 맞은편에는 창, 화살촉 등 전쟁할 때 사용한 무기들이 놓였어요.

그런데 이 진열장에 전시된 철기들만 봐서는 그 당시에 어떻게 만들었는지 알 수가 없어요. 게다가 농기구나 무기들은 하나같이 갈색으로 녹이 슬어 마치 썩은 것처럼 보여요. 이 도구들로 어떻게 농사를 짓고 싸움을 했다는 건지 믿기 힘들죠.

그럼 지금부터 이 녹슨 철기들을 다시 생생하게 살려 볼까요?

철로 만든 도구들

철기는 석기와 청동기에 비해 강하고 단단해요. 조선 시대 화가 강희언이 그린 〈돌 깨기〉를 보면 철기의 위력이 어느 정도인지 실감할 수 있어요. 석공 둘이 바위를 깨서 떼어 내는 작업을 하고 있어요. 한 사람은 얼굴을 돌린 채 바위에 정을 대고, 다른 한 사람은 쇠망치로 힘껏 내리치기 직전 모습이에요. 석기나 청동기로는 하기 어려운 일이죠.

진열장 속 철기는 크게 무기와 농기구로 나눌 수 있어요. 무기는 칼, 화살촉, 창, 갑옷이 있는데 무기를 철로 만들면서 전쟁이 더 치열해지고 규모도 훨씬 커졌어요. 고구려 고분 벽화인 안악 3호분에 그려진 〈행렬도〉를 볼까요? 이 무덤의 주인공이 탄 수레 곁에 있는 군인들은 어깨에 활을 올려놓고 허리에 화살통을 둘렀어요. 그 옆에는 어깨에 도끼를 걸친 군인들이 행진하

강희언의
〈돌 깨기〉

고구려의 다양한 무기 모습을 볼 수 있는 안악 3호분 〈행렬도〉

고 있어요. 행렬 가장 앞에 어깨에 칼을 걸친 군인들도 보여요. 행렬 가장자리에 보이는 말을 탄 군인들은 투구와 갑옷으로 무장하고 긴 창을 들었어요. 말 역시 갑옷을 입고 얼굴 가리개까지 썼어요. 그 앞에 갑옷을 입고 긴 창과 방패를 든 군인들이 보이죠. 온갖 무기로 무장한 군인들을 보기만 해도 기가 죽을 것 같아요.

김홍도의 《단원 풍속도첩》 중 〈논갈이〉

무기 맞은편에 진열된 농기구는 쇠스랑, 낫, 따비, 가래예요. 김홍도가 그린 〈논갈이〉에서 위쪽 농부 둘이 땅을 고르는 데 사용하는 도구가 쇠스랑이에요.

가래는 흙을 파는 도구로, 삽과 비슷하게 생겼어요. 전시된 유물은 가래 아랫부분에 끼우는 날이에요. 이처럼 철기를 사용하면서 농업 생산량이 크게 늘어난 덕분에 나라가 빨리 성장하는 바탕이 되었어요.

김홍도의 《단원 풍속도첩》 중 〈기와 이기〉

철로 무기와 농기구뿐만 아니라 다양한 공구도 만들었어요. 김홍도가 그린 〈기와 이기〉를 보면, 예전에 쓰던 다양한 공구를 찾아볼 수 있어요. 그림 오른쪽 맨 아래, 나무를 자를 때 쓰는 톱과 그 앞에 나무를 다듬는 데 쓰는 자귀가 세워져 있어요. 모두 철로 만든 공구들로, 이런 공구들을 사용하면 일의 능률을 크게 높일 수 있었어요. 이런 연장 덕분에 으리으리한 궁궐도 지을 수 있었겠죠.

어떻게 철을 만들까?

철광석에서 철을 뽑아내는 과정은 조선 시대 말에 활동했던 풍속화가 김준근이 그린 〈가마점〉을 보면 이해하기 쉬워요. 이 그림은 철광석을 녹이는 장면이 아니라 철 덩어리를 녹여 솥을 만드는 장면이지만 철광석에서 철을 뽑아내는 과정도 이것과 비슷해요.

〈가마점〉 가운데 연기가 솟아나는 곳은 '가마'인데, '노'라고도 불러요. 그림 속 가마에는 철광석에서 불순물을 분리한 철 덩어리가 들었어요. 만약 철 덩어리 대신 철광석이 들어 있다면 철광석을 녹여 철을 뽑아내는 장면이 되는 거죠. 그림에서는 철 덩어리를 녹이기 위해 가마 안에 높은 온도를 내는 숯을 넣었을 거예요. 숯의 온도를 올리기 위해 바람을 불어 넣는 관이 바로 송풍관이에요.

〈가마점〉에서 일꾼들은 철 덩어리를 녹여 가마솥을 만드는 중이에요. 가장 왼쪽에 있는 일꾼 둘은 발로 풀무를 밟아 송풍관으로 가마에 바람을 불어 넣어요. 가마 앞에서 용암처럼 흘러내리는 쇳물을 도가니에 받고, 오른쪽 일

가마솥 만드는 과정을 그린 김준근의 〈가마점〉(독일 함부르크 민족박물관)

70점의 덩이쇠가 나온 경주 사라리 130호 무덤

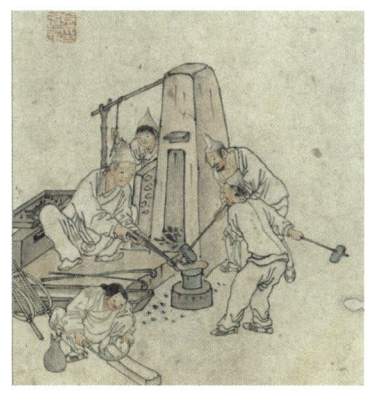
김홍도의 《단원 풍속도첩》 중 〈대장간〉

꾼 둘은 쇳물을 가마솥 틀에 부어요. 철기를 만들 때, 철 덩어리를 녹여 솥 같은 물건을 만들기도 하지만, 철 덩어리에서 불순물을 더 없애 쇳덩이를 만들기도 해요. 농기구와 무기들 대부분은 대장간에서 쇳덩이를 불에 달구고 수없이 두드려 만들었어요.

　김홍도의 그림 〈대장간〉을 보면 쇳덩이를 이용해 도구를 만드는 과정을 볼 수 있어요. 그림 중간쯤 있는 아이는 발로 풀무질을 해서 가마 안에 바람을 넣고 있어요. 가마 앞 왼쪽에 앉아 집게로 쇳덩이를 잡은 사람은 대장으로, 망치를 내리칠 때마다 쇳덩이를 이리저리 움직여 모양을 잡아요. 오른쪽 두 사람은 교대로 쇳덩이를 향해 망치를 내리치죠. 이렇게 두드린 다음 대장은 오른발 아래 물통에 쇳덩이를 넣고 식혀서 더욱 단단하게 만들어요. 그러고는 쇠를 뜨거운 가마 안에 다시 넣어 물렁하게 만든 다음 또 모양을 잡아 가죠. 철기는 이런 과정을 수없이 반복해 탄생했어요.

　이처럼 강한 철기도 물기에는 약해 녹슬어 사라지기 쉬워요. 전시된 철기들은 대부분 외부의 영향을 덜 받는 무덤 안에 있었기 때문에 살아남았어요.

대장간 찾아가기

공장에서 대량으로 철기를 생산하면서 요즘에는 전통 방식으로 철기를 만드는 대장간을 찾아보기 무척 힘들어요. 남아 있는 몇몇 전통 대장간을 찾아가 보면 김홍도의 〈대장간〉 그림 속 사람들을 눈앞에서 만날 수 있어요. 김홍도 그림에 나오는 풀무질을 하는 소년은 사라졌지만 가마에서 달군 벌건 쇠를 모루에 놓고 두드려 가며 작업하는 방식은 그대로예요. 대장간 장인은 김홍도의 그림을 보고 뭐라고 이야기했을까요?

"(모루에 있는 쇳덩이를 보고) 이것만 가지고는 뭘 만드는지 모르겠어. (쪼그려 앉아 있는 대장을 가리키며) 이 사람이 대장이지. 집게로 쇠를 어떻게 움직이냐에 따라서 모양이 달라지니까. 세어 보지는 않았지만 낫을 만들려면 수백 번은 망치질을 해야 할걸. 그런데 이렇게 쪼그려 앉아서는 다리가 저려 일을 못하는데……. 서서 하는 게 편해. 왜 이렇게 그렸을까?"

대장간에서는 싱싱한 철기들을 볼 수 있어요. 호미, 낫, 도끼, 쇠스랑, 괭이에서 막 만들어진 강인한 철기의 힘을 느낄 수 있어요.

쇠를 두드려 도구를 만드는 불광 대장간의 풍경과 대장간에서 만들어진 여러 가지 철기들

도끼 이야기

아래 사진들에 나오는 도구는 모두 도끼예요. 이 가운데에서 어떤 도끼가 나무를 가장 잘 벨까요? 이쯤에서 이야기 하나가 떠올라요. "이 도끼가 네 도끼냐?"로 유명한 '금도끼 은도끼'죠. 우리나라 옛이야기로 알고 있지만 사실 『이솝 우화』에 나오는 '정직한 나무꾼'에서 온 이야기래요. 원래는 산신령

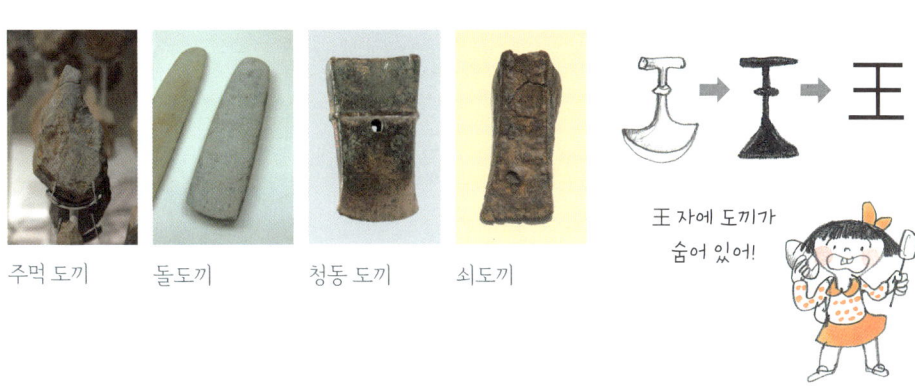

주먹 도끼　돌도끼　청동 도끼　쇠도끼

王 자에 도끼가 숨어 있어!

이 아니라 그리스 신화에 나오는 신 헤르메스가 강물에 뛰어들어 도끼를 찾아 주었다고 해요. 물론 나무꾼이 쇠도끼를 택한 건 정직해서이기도 했겠지만, 당장 나무를 베어야 했다면 금도끼나 은도끼보다 단단하고 튼튼한 쇠도끼가 더 필요했을 거예요.

위 사진을 차례대로 보면 구석기, 신석기, 청동기를 거쳐 철기 시대까지 도끼를 만드는 재료가 어떻게 바뀌었는지 한눈에 보여요. 도끼는 더 날카롭고 단단하고 효율성이 높은 방향으로 변화했어요. 그러면서 도끼에 왕을 뜻하는 상징적인 성격까지 더해졌어요. '王(왕)'이라는 한자 자체가 도끼 날, 자루를 끼우는 구멍, 도끼의 머리 세 부분에서 유래했다고 해요. 조선 시대 왕이 특별한 의식을 치를 때 입는 옷에도 도끼 문양이 있어요.

10 부여·삼한실 – 지도 읽기

역사 지도를 어떻게 볼까?

역사 자료를 이용해 만든 지도

부여·삼한실 입구 벽에 지도가 붙어 있어요. 전시실에서 처음 만나는 지도예요. 지도 위쪽부터 부여, 고구려, 옥저, 낙랑, 대방, 동예, 마한, 진한, 변한이라는 이름이 적혔어요. 이 이름들은 나라 또는 작은 여러 나라를 묶어서 부르던 이름이거나 어떤 세력을 부르던 이름이에요. 핏줄처럼 바다로 이어진 선들은 한강, 낙동강, 대동강 등 우리나라의 대표적인 강들이죠. 이 지도에는 중국의 일부가 우리나라에 포함되는 등 지금 우리나라 지도와 다른 부분이 있어요. 이 지도를 보면 기원후 3세기쯤 우리나라에 어떤 나라와 세력이 있었는지 알 수 있어요. 이처럼 역사 자료를 이용해 만든 지도를 '역사 지도'라고 부르죠.

역사 지도를 보면 그 당시 이 땅에서 무슨 일이 일어났는지 한눈에 알 수 있어요. 부여라는 나라가 어디에 있었는지 말로 설명하는 것보다 역사 지도를 보면 훨씬 이해가 쉽죠. 어떤 그림에 대해 말로 설명을 여러 번 듣는 것보다 그 그림을 한 번이라도 보는 게 더 나은 것과 마찬가지예요. 또 시기별로 어떤 일이 일어났는지 금방 알 수 있어요. 역시적 사건과 사실을 설명하면서 역사 지도를 같이 보여 주는 까닭이죠.

역사 지도는 무엇을 전달하려는가에 따라 달라져요. 3세기 때 각 나라의 대표적인 특산물 지도를 만들 수도 있고, 인구를 표시한 지도도 만들 수 있죠. 역사 지도는 다른 지도와 마찬가지로 정확한 정보가 생명이에요. 왼쪽 지도에서 마한 대신 백제라고 쓰면 오류가 생기는 거죠. 당시에도 백제는 있었지만 당시 백제는 마한 가운데 한 나라였거든요.

보통 역사 지도를 볼 때 제대로 된 정보를 담고 있을 거라고 믿고 의심 없이 사실로 받아들여요. 그런데 역사 지도가 전해 주는 정보가 모두 충분하고 정확한 것일까요?

지형도를 이용한 역사 지도

전시실에 있는 지도 옆을 보면 각 나라를 설명한 글이 적혀 있어요.

부여 : 부여는 동이 지역 중에서 가장 넓고 평탄한 곳으로 토질은 오곡이 자라기에 알맞다.

고구려 : 큰 산과 깊은 계곡이 많으며, 벌판과 호수가 없다. 산과 골짜기를 따라 거주한다. 비록 힘써 밭을 경작하지만 열매가 충분하지 않아 배가 고프다.

옥저 : 옥저는 토질이 비옥하며, 산을 등지고 바다를 향하고 있어 오곡이 잘 자라며, 농사를 짓기에 적합하다.

동예 : 동예는 남쪽으로 진한, 북쪽으로 고구려·옥저와 접하고, 동쪽은 큰 바다에 닿았다. 조선의 동쪽이 모두 예의 땅이라고 불렸다.

마한 : 마한은 서쪽에 있어 54개의 작은 고을을 각각 나라로 일컬었다.

진한 : 진한은 동쪽에 있어 12개 작은 고을을 나라로 일컬었다.

변한 : 변한은 남쪽에 있어 12개 작은 고을을 각각 나라로 일컬었다.

만약 앞에서 본 지도 대신 땅의 모습을 구체적으로 표현한 지형도를 이용하면 어떻게 보일까요?

설명한 글보다 나라들이 훨씬 더 구체적으로 다가오죠.

나라별 자연 환경을 잘 보여 주는 지형도

95

고대 국가의 국경선은 무엇을 뜻할까?

아래 왼쪽은 교과서나 역사책에 나오는 고구려 전성기 때인 장수왕 대의 네 나라 영토를 나타낸 지도예요. 오른쪽 지도는 같은 시기를 나타낸 또 다른 지도죠. 언뜻 보면 비슷해 보이지만, 사실 두 지도는 많이 달라요. 가야의 영토를 비교해 보면 차이를 금방 알 수 있어요. 같은 시대를 나타냈는데도 오른쪽 지도의 가야 영토가 훨씬 넓어요. 오른쪽 지도는 어떤 역사 연구팀에서 처음으로 이 시기의 영토를 제대로 파악하기 위해 연구하고 논의한 결과를 나타낸 지도죠. 역사 지도는 만들어질 당시의 연구 결과를 종합한 것이어서 훗날 다른 연구 결과가 나온다면 지도는 또 달라질 거예요.

또 하나, 삼국 시대 역사 지도에 그어진 선을 지금의 국경선처럼 오해하기 쉬운데, 옛날에는 금을 그은 듯 분명한 국경선은 없었어요. 여기부터 우리나라 땅, 저기부터 너희 나라 땅이 아니라 대략 이쯤부터 우리 나라, 저쯤부터

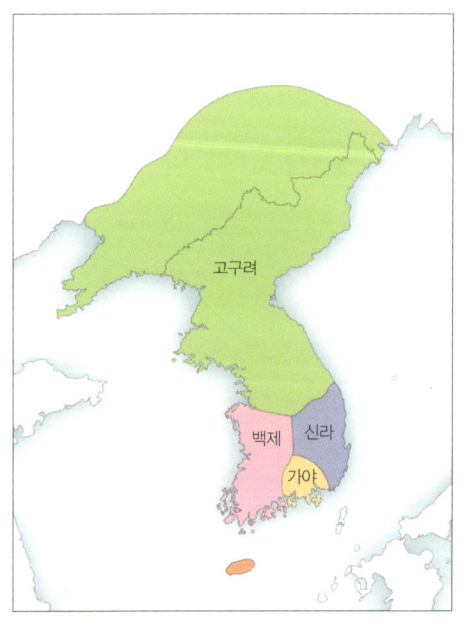
고구려 장수왕 대 네 나라의 영토1

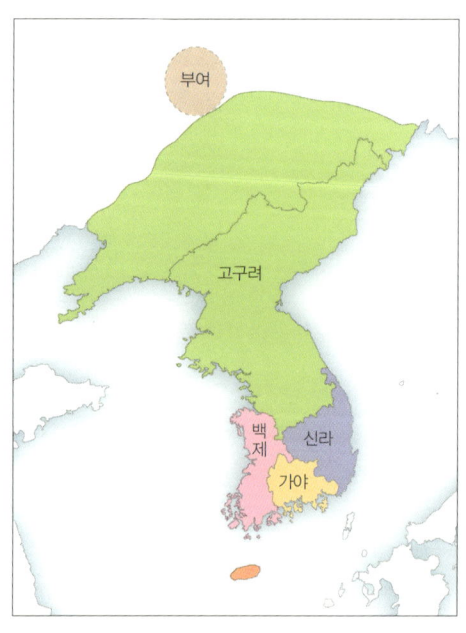
고구려 장수왕 대 네 나라의 영토2

너희 나라라는 식이었죠.

지도가 알려 주는 정보에는 여러 가지 뜻이 담겨 있어요. 아래 지도는 삼국 시대 당시 각 나라가 차지했던 가장 넓은 영토를 겹쳐 놓은 지도예요. 백제는 근초고왕 때인 4세기 중엽, 고구려는 장수왕 때인 5세기 말, 신라는 진흥왕 때인 6세기 후반이에요. 색이 겹치는 부분은 그곳을 차지한 나라가 계속 바뀌었다는 뜻이죠. 예를 들면 한강 하류 사람들은 한때는 백제의 백성이었다가 어느 날 고구려의 백성이 되었고, 다시 신라의 백성이 되었어요. 다시 말하면 이 지역을 둘러싸고 치열한 공방전이 벌어졌다는 뜻이에요.

각 나라가 최대 영토를 이루었을 때는 전쟁이 많았어요. 역사책에서는 최대 영토를 설명하면서 당시 왕의 영웅적인 활약을 부각시키지만, 다른 면에서 보면 그만큼 많은 사람을 죽음으로 내몰았다는 뜻이기도 해요. 역사 지도에서 한 줄로 표시된 선을 그저 선으로만 받아들여서는 안 되는 이유죠.

삼국의 영토가 가장 넓었을 때의 지도를 겹친 모습

11 고구려실 - 기록 읽기

유물에 남아 있는 기록이 왜 중요할까?

자리를 비워 사진만
놓인 모습

아주 오래되어서
인기가 많은 것 같아요.

반짝거려서
인기가 많은가요?

이 불상이 이렇게
인기가 많은 까닭은?
선생님 닮아 잘생겨서?

고구려의 대표 불상인 「연가 칠년」이 새겨진
금동불 입상(국보 119호)

삼국 시대의 유물을 전시하는 전시실은 고구려실부터 시작해 백제실, 가야실, 신라실로 이어져요. 고구려실에서 가장 인기 있는 유물은 무엇일까요? 「연가 칠년」이 새겨진 금동불 입상(한문 이름은 延嘉七年銘 金銅如來 立像 연가칠년명 금동여래 입상)이에요. 이 불상은 인기가 높아 자주 전시 여행을 다녀요. 그래서 불상이 있는 자리에 사진만 덜렁 놓인 모습만 보고 오는 경우가 종종 생겨요.

 이 불상은 왜 이렇게 인기가 높을까요? 잠시 불상을 감상해 볼까요? 속은 청동으로 되어 있지만 겉은 금으로 도금해 빛을 받으면 반짝거려요. 얼굴은 듬직하고 잘생긴 청년 같죠. 오른손은 올리고 왼손은 내려, 두려워하지 말고 너의 소원을 말해 보라고 사람들에게 신호를 보내요. 옷 주름은 날카로운 물고기 지느러미처럼 특이하게 생겼어요. 몸 뒤에 달린 윗부분이 뾰족하고 앞으로 휜 넓은 판(광배)에는 불꽃이 소용돌이를 일으키며 격렬하게 타올라요. 어려운 일도 척척 헤쳐 나갈 것처럼 강하고 힘찬 느낌이 들어요. 시간이 조금 흐른 뒤에 만들어진 오른쪽 사진 속 보살 입상과 비교해 보면 차이가 나요. 언뜻 비슷해 보이지만 보살 입상이 더 부드러운 느낌이에요.

 완전하게 남아 있는 데다 청년 같은 얼굴이 금빛으로 반짝이니 고구려의 대표 유물로 꼽힐 만하죠. 그런데 인기 있는 이유가 단지 외모 때문일까요?

흙으로 만들어진 원오리 터 보살 입상

기록을 통해 알 수 있는 것

불상의 뒷면을 한번 볼까요? 아무것도 없을 것 같은 뒷면에 한자로 다음과 같은 내용이 쓰여 있어요.

"연가 칠년 기미년 고려국 낙랑의 동사 주지 경과 제자 연, 사도 40인이 함께 현겁천불을 조성해 유포합니다. 제29불인 인현의불로 비구 겁류가 봉양합니다."

헉! 한자가 너무 어려워서 하나도 못 읽겠어!

그, 그러니까 뭐가 써 있지?

불상 뒷면에 만들어진 시기를 알 수 있는 47자가 새겨져 있어요.

연가 칠(7)년 기미년은 이 불상이 만들어진 해를 말해요. 연가는 옛날 연대 표기법으로, 왕에 따라 바뀌죠. 예를 들어 어떤 왕이 올해부터 '연가'라고 쓰기로 했다면 이 해는 연가 1년(원년), 다음 해는 연가 2년이 되는 식이에요. 기미는 육십 간지의 하나로, 옛날에는 간지로 그 해를 표시했어요. 왕에 따라 바뀌는 건 아니에요. 그런데 이 기록만으로는 연가 7년이 어느 나라 어떤 왕 때인지, 기미가 어느 해인지 알 수 없어요.

어느 해인지 알 수 있는 단서는 다음 구절에 있어요. 역사상 고려를 나라 이름으로 삼은 나라는 고려와 고구려 두 나라예요. 고구려도 종종 고려라고 쓰기도 했거든요. 그러니까 이 불상은 고구려 혹은 고려에서 만들어진 거예요.

만든 나라와 만든 해를 좁힐 수 있는 단서는 이 불상과 비슷하게 생겼으면서 만들어진 해를 알 수 있는 다른 불상에 있어요. 고구려와 관련이 깊은 나라 가운데 중국의 북위라는 나라가 있어요. 이 나라 불상 가운데에는 얼굴이나 신체, 옷의 표현이 이 불상과 비슷한 작품이 꽤 많아요. 북위의 불상이 6세기 전반에 많이 만들어진 걸로 보아 이 금동불 역시 이 시기에 만들어졌다고 볼 수 있어요. 이즈음 기미년에 해당하는 연대는 539년이에요. 다시 말하면 이 불상은 539년에 고구려의 수도인 평양에서 만들어졌어요. 낙랑은 평양의 다른 이름이죠. 당시 고구려 왕은 531년 왕위에 오른 안원왕이었어요.

기록을 통해 만든 해와 장소, 나라와 사람, 만든 이유를 알 수 있어서 이 불상의 가치가 더욱 높아졌어요. 게다가 기록을 남긴 불상 가운데 가장 오래되어서 더 중요하죠. 만약 기록이 없었다면 이 불상은 다른 나라 불상이라고 오해를 받았을 거예요. 고구려 옛 땅이 아닌 지금의 경상남도 의령에서 발견되었거든요. 그만큼 기록이 중요해요.

청동 그릇 바닥의 글자

고구려실에는 「연가 칠년」이 새겨진 금동불 입상과 같은 인기를 누리는 유물이 하나 더 있어요. 청동으로 만들어진 그릇으로, 불상과 비슷한 점이 많아요. 고구려 작품인데 신라에서 발견되었고, 기록이 있어 만든 나라와 만들어진 때를 알 수 있다는 점이죠. 게다가 유명한 고구려의 왕인 광개토 대왕과 관련이 깊어요.

「호우」 글자가 있는 청동 그릇   호우 바닥에 새겨진 글자

이 그릇은 바닥에 기록이 있어서 바닥이 보이도록 전시했죠.

'을묘년 국강상 광개토지호태왕 호우십'

'을묘'는 「연가 칠년」이 새겨진 금동불 입상에서 본 것처럼 육십 간지의 하나로, 만든 해를 뜻해요. 그러나 이것만으로는 정확한 연도를 알기 어려워요. 단서는 이어지는 '국강상 광개토지호태왕'이라는 이름이에요. 이 이름은 고구려의 광개토 대왕이 살아 있을 때 쓴 이름이 아니라 죽은 뒤에 붙인 거죠. 따라서 이 그릇은 광개토 대왕이 죽은 해인 412년 이후에 만들었다는 걸 뜻해요. 연구자들은 이 그릇이 광개토 대왕이 죽은 지 3년 뒤인 415년에 만들어졌을 거라 추정해요. 마지막에 나오는 '호우'는 당시 이 그릇을 부르던 이름이에요. 마지막에 있는 수수께끼 같은 십 자(十)와 그릇 가장 위에 있는 우물 정 자(井) 같은 표시는 정확히 무슨 뜻인지 알지 못한다고 해요.

호우총 발굴 당시의 모습

이 그릇은 우리나라가 독립한 다음 해인 1946년, 처음으로 우리 손으로 발굴한 무덤에서 나왔어요. 이 무덤은 경주 시내에 있었는데 당시 무덤의 흙은 다 무너져 내렸고, 그 위에는 집이 지어진 상태였어요. 이 그릇은 무덤 주인공의 머리 근처에 놓여 있었다고 해요. 신라 무덤에 있으니 당연히 신라의 유물이라고 생각했는데, 글자를 보고는 고구려 것이란 걸 알았어요.

사람들은 고구려의 광개토 대왕을 기념해 만들어진 그릇이 왜 신라의 수도 경주에서 발견된 것일까 궁금해했어요. 신라 사람이 고구려에 갔을 때 가져왔든가 고구려 사람이 신라에 와서 전해 주었을 텐데, 연구자들은 고민 끝에 이렇게 추정했죠. '당시 고구려는 신라에 큰 영향력을 행사해 신라에서는 고구려에 볼모를 보내야 했다. 광개토 대왕의 장사를 치르고 1년 뒤 큰 제사를 지내고 기념으로 호우를 만들었는데, 이때 제사에 참여한 신라 사신이 신라로 가져왔거나 볼모로 갔던 신라의 왕족 복호가 신라로 돌아오면서 가져온 것이다.'라고요.

그런데 추리를 해야 할 것이 이게 다가 아니에요. 그릇은 415년에 만들어졌는데, 이 그릇이 나온 무덤인 호우총은 그보다 무려 백 년이나 늦은 6세기 전반에 만들어졌거든요. 왜 이 그릇이 백 년 뒤에 무덤으로 들어갔는지 여전히 수수께끼예요. 혹시 집안의 보물로 전하던 것을 무덤의 주인공이 너무 좋아해 같이 묻어 준 건 아니었을까요?

삼국의 불상을 비교해 볼까?

아래 두 불상은 어느 나라 불상일까요? 왼쪽은 백제의 불상, 오른쪽은 신라의 불상이에요. 왼쪽 금동 관음보살 입상은 감은 듯 뜬 듯한 눈과 살포시 다문 입가에 고요한 미소를 머금고 있어 무척 아름다워요. 오른쪽 금동 약사불 입상 역시 입가에 은은한 미소를 머금었어요. 금동 불상은 고구려, 백제, 신라에서 모두 만들어졌어요. 가야에도 불교가 전해진 것으로 보이지만 아직 불상이 발견되지 않았어요.

▲ 금동 관음보살 입상
(국보 293호, 국립부여박물관)
▶ 금동 약사불 입상

각 나라마다 만든 불상의 느낌은 달라요. 사는 곳에 따라 정서와 문화가 달라지듯 불상에도 이러한 차이가 반영되었어요. 어느 나라 불상이 더 뛰어났다라기보다 각각 개성이 다르다고 보는 거죠.

이번에는 돌로 만들어진 불상을 볼까요? 오른쪽 위에는 서산마애 삼존불이라는 이름으로 더 유명한 서산 용현리 마애여래 삼존상과 미륵 삼존불이 있어요. 두 불상 모두 세 분이 한 팀을 이루었고, 가운데 부처를 크게 만들었어요. 얼굴에는 미소를 띠고 있죠. 다른 점도 있죠. 마애여래 삼존상은 주로 어른과 비슷한 몸 크기를 가진 반면, 미륵 삼존불은 머리가 커서 어린아이와 같은 신체 비례를 보여요. 마애여래 삼존상이 백제를 대표하는 미소라면, 미륵 삼존불은 신라를 대표하죠.

이번에는 자세가 비슷한 불상 두 점을 볼까요? 오른쪽 아래 나오는 두 불상의 이름은 모두 '금동 반가사유상'이에요. 의자에 앉아 오른발을 왼발에

◀ 서산 용현리 마애여래 삼존상(국보 84호)
▲ 미륵 삼존불(국립경주박물관)

얹고, 오른손 손가락을 뺨에 살짝 대고 있어요. 이렇게 앉은 모양을 '반가'라고 하고, 깊은 생각에 잠긴 듯하다고 해서 '사유'라고 해요. 얼굴에는 사람을 기분 좋게 만드는 미소가 어렸어요. 어떤 걱정이라도 다 녹일 듯해요. 우아하고 세련된 느낌을 주기 위해 허리와 팔과 손가락을 길게 나타냈어요. 옷은 몸에 달라붙은 듯 간결하게 묘사했어요. 왼쪽 불상은 신라 혹은 고구려의 작품으로, 오른쪽 불상은 신라 혹은 백제의 작품으로 추정하고 있어요.

 이 두 불상을 삼국 시대 최고의 불상으로 꼽을 만한가요? 국립중앙박물관 불교조각실 작은 방에 홀로 전시하는데, 교대로 전시해 나란히 있는 모습은 보기 힘듭니다.

▶ 금동 반가사유상(국보 78호)
▶▶ 금동 반가사유상(국보 83호)

1963년 우연치 않게 세상에 나와 세상을 떠들썩하게 했던 「연가 칠년」이 새겨진 금동불 입상이 4년 뒤 다시 뉴스의 중심에 선 적이 있었어. 1967년에 잠깐 행방불명 되었거든. 불상이 전시되었던 진열장에 불상은 사라지고 달랑 메모만 남아 있었어.
"문화재 관리 국장에게 직접 알려라. 24시간 안에 돌려주겠다. 다른 사람에게는 알리지 말라."
도둑은 황당하게 이 메모만 남긴 채 감쪽같이 불상을 훔쳐 달아난 거야. 당시 진열장은 지금처럼 보안이 철저하지 못했어. 불상을 도둑맞자 나라에서는 비상이 걸리고, 외국으로 가는 공항과 항구를 막고 도둑을 잡으려고 노력했어.
이날 밤 11시에 전화가 걸려 왔어.
"한강 철교 제3교각 16, 17번 침목 받침대 사이 모래밭에 있으니 찾아가시오."
다행히 불상은 그 자리에서 찾았는데 도둑은 영영 잡지 못했어. 도둑을 잡지 못해 불상을 훔쳤다 돌려준 진짜 이유는 알 수 없지만, 아마 자기의 도둑질 실력을 뽐내려고 그랬던 것은 아닐까?
이 사건처럼 박물관에서는 아주 드물게 유물을 도둑맞는 일이 생겨. 특히 일반인들이 들어올 수 있는 전시실에서 문제가 생기지. 그럼 박물관에서는 진열 중인 유물을 안전하게 보호하기 위해 어떤 장치를 할까?

감지기와 CCTV 설치

보통 진열장 안에 두 가지 장치를 해. 물체의 움직임에 반응하는 감지기와 진열장 유리가 움직이거나 충격을 받을 때 반응하는 감지기를 설치하지. 만약 진열장 안에서 파리가 움직여도 감지가 작동을 해 비상 상황이라고 알려. 전시실 구석구석 보이지 않는 곳이 없도록 CCTV도 설치한단다.

총도 막는 방탄 진열장

진열장 자체도 아주 튼튼하게 만들어. 진열장 유리는 무척 두껍고 특수하게 만들어졌어. 총으로 유리를 쏴도 뚫어지지 않을 정도로 강해.

진열장을 보면서 "이거 어떻게 열지?"라는 궁금증을 가진 적이 없니? 겉으로 봐서는 어떻게 열리는지 알기 어렵도록 만들었기 때문이야. 또 진열장 안이 항상 일정한 온도와 습도가 유지되도록 외부와 차단되게 만들었어. 진열장 안에는 온도와 습도를 측정하는 장치가 들어 있고, 특히 종이로 만든 유물이나 그림에는 늘 일정한 습도를 유지하기 위한 장비를 사용해. 조명도 유물에 영향을 주는 자외선을 차단한 특수한 조명을 쓰고.

만약 도둑이 유물을 훔쳤다면 어떻게 될까? 모든 유물은 원칙적으로 외국으로 나갈 수 없어. 외국으로 가져갈 생각은 꿈도 꾸지 말아야 해. 그뿐만 아니라 언론에서 대대적으로 보도를 하기 때문에 도난당한 유물이라는 걸 온 국민이 다 알게 되지. 결국 도둑이 할 수 있는 일은 유물을 다시 돌려주는 것뿐이야.

12 백제실 - 발굴의 역할 살펴보기

발굴은 백제 역사를 어떻게 바꾸었을까?

왼쪽에서부터 서울, 공주, 부여, 익산 순으로 유물을 전시한 백제실

고구려실 다음 전시실은 백제실이에요. 백제실은 다른 전시실과 달리 지역별로 유물들이 전시되어 있어요. 앞에서부터 서울, 공주, 부여, 익산 순으로 이어져요. 서울에서 남쪽으로 가다 보면 순서대로 이 도시들을 볼 수 있어요. 모두 백제의 역사와 뗄 수 없는 관계를 맺은 도시들이에요. 서울, 공주, 부여

는 모두 백제의 수도로, 처음에는 서울(당시 이름은 한성), 다음은 공주(당시 이름은 웅진), 마지막은 부여(당시 이름은 사비)였어요. 부여에서 멀지 않은 익산은 선화 공주 설화에 등장하는 무왕이 큰 절과 궁궐을 지었던 곳으로, 아직까지 그 흔적이 잘 남아 있어요.

이 도시들을 지도에서 찾아보면 재미있는 공통점을 찾을 수 있어요. 익산을 빼면 모두 큰 강을 끼고 있죠. 강을 통해 다른 지역과 활발하게 교류를 했다는 걸 짐작할 수 있어요. 그뿐만 아니라 서울, 공주, 부여의 궁궐은 모두 북쪽에 강을 두었어요. 강을 자연 방어막으로 삼은 셈이죠. 백제의 북쪽에서 호시탐탐 백제를 위협하던 나라는 다름 아닌 고구려였어요. 백제 사람들의 걱정대로 고구려는 한강을 넘어 백제를 공격해 백제는 끝내 서울을 버리고 공주로 수도를 옮겨야 했어요.

그동안 백제의 역사에 대한 기록이 많이 남아 있지 않아 백제에 대해서 모르는 것이 많았어요. 수도가 서울(한성)이던 한성 백제 시기에 왕성이 어디에 있었는지도 정확히 모를 정도였으니까요. 그러다 세상을 깜짝 놀라게 한 발굴이 이어지며 백제는 베일을 벗기 시작했어요. 전시된 유물들은 오랜 시간 땅속에 잠들어 있다 "백제를 제대로 알려 줄게."라며 세상으로 나왔죠.

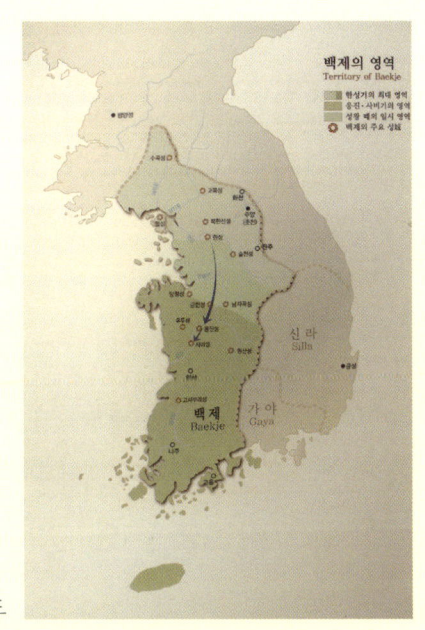

백제의 영역과 중요한 지명을 표시한 지도

109

백제의 초기 왕성을 확인한 발굴

아래 사진 속의 토기는 백제의 왕성이 틀림없는 풍납토성에서 발굴되었어요. 진열장에 걸린 사진에서 아파트 단지를 감싸 안은 녹색 띠가 풍납토성의 성벽이에요. 풍납토성 위쪽으로 한강이 흘러요. 백제 사람들은 성을 만드는 데 엄청난 자신이 있었는지, 한강 바로 곁에 흙으로 성을 높게 쌓고 그 안에 궁궐까지 지었어요. 아직까지 성은 그 모습을 간직하고 있죠. 이곳에서 배를 타고 서해로 나가면 중국으로도, 일본으로도 갈 수 있었어요.

풍납토성 출토 유물들

풍납토성의 지금 모습

그런데 풍납토성이 세상에 제 모습을 드러낸 지는 얼마 안 되었어요. 일제 강점기인 1925년 한강에 큰 홍수가 나서 풍납토성을 덮쳤어요. 그 바람에 성벽의 일부가 무너졌는데, 그 안에서 몇몇 유물이 발견되었어요. 해방 이후에도 부분적으로만 조사할 정도로 큰 관심을 받지 못한 채 시간이 흘렀고, 그사이 풍납토성 안에는 집이 하나둘 들어서 어느새 집들로 가득 찼어요.

1997년, 풍납토성이 드디어 백제의 스타로 발돋움하기 시작했어요. 아파트를 지으려고 땅을 팠는데 백제의 흔적이 나타난 거예요. 생각지도 못한 발견에 아파트 공사는 중지되었고, 발굴을 본격적으로 시작하자 백제의 유물들이 쏟아져 나왔어요. 이건 시작에 불과했어요. 토성을 직접 파 본 뒤 원래 토성의 최대 높이는 13.3미터, 폭은 무려 43미터나 된다는 걸 알아 냈죠. 이 성을 만들기 위해서는 연인원 138만 명 정도의 일꾼이 필요했다는 계산이 나왔어요. 백제가 결코 만만한 나라가 아니었다는 걸 증명한 셈이죠.

얼마 뒤 풍납토성 안의 다른 지역을 발굴했더니 6천 점에 이르는 기와와, 제사 시설로 보이는 둘레 18미터 크기의 집이 나타났어요. 당시 기와는 대부분 궁궐 같은 중요한 건물에 썼어요. 발굴을 계속하면서 도로, 창고까지 찾았어요. 그뿐만 아니라 충청도, 전라도의 토기 및 멀리 중국이나 일본에서 만들어진 유물까지 발견되었죠. 풍납토성은 백제의 왕성이자 국제적인 교류가 활발한 곳이었어요. 여러 차례 발굴로 그동안 추측만 하던 한성 백제의 왕성을 찾았고, 어렴풋하던 백제의 역사가 분명하게 드러났어요.

아래 사진은 한성백제박물관에 전시된 풍납토성 모형이에요. 지금과 달리 한강의 물길이 토성을 감싸 마치 섬처럼 보여요. 성 안에는 궁궐을 비롯해 집들이 가득 들어찼어요. 475년 고구려 장수왕의 공격으로 풍납토성은 역사 속으로 사라졌지만 발굴을 통해 잊힌 왕성을 되찾았어요.

백제 시대 당시 풍납토성의 모습을 재현한 모형(한성백제박물관)

무령왕릉과 능산리 절터 발굴

백제는 공주로 수도를 옮긴 뒤 나라의 힘을 회복했어요. 이 시기를 대표하는 유적은 무령왕릉이에요. 1971년까지는 이 무덤이 있었는지 아무도 몰랐어요. 무령왕릉 바로 곁에 있는 무덤에 습기가 차서 배수로를 내는 공사를 하다 우연히 찾았어요. 무령왕릉 안에서 무려 3천 점에 가까운 유물을 찾았는데, 무덤의 주인공을 기록한 돌판도 있었어요. 돌판에 적힌 기록을 통해 무덤의 주인공이 백제를 부흥시킨 무령왕과 왕비라는 걸 알았죠. 백제의 왕릉 가운데 유일하게 주인공을 알 수 있는 건 이 지석 덕분이에요.

발굴이 끝나고 보존을 위해 유물들을 서울로 옮기려고 하자, 공주에서 난리가 났어요. 공주 시민들은 유물을 아예 서울로 가져가는 줄 알고 시위까지 했어요. 이 유물들은 공주 시민에게 자부심이었거든요. 지금은 유물 대부분이 국립공주박물관에 전시되어 있고, 일부만 국립중앙박물관에 전시되어 있어요. 아래 사진 속의 유물은 무령왕릉에서 나온 왕비의 관 꾸미개예요. 유물 가운데 관 꾸미개가 워낙 유명해 국립중앙박물관에서는 왕비의 관 꾸미개는 진품을, 왕의 관 꾸미개는 복제품을 전시하고, 국립공주박물관에서는 반대로

▲ 언덕으로 보여 도굴을 피한 무령왕릉(오른쪽)
▶ 왕비의 관모를 장식했던 꾸미개 (국보 155호)

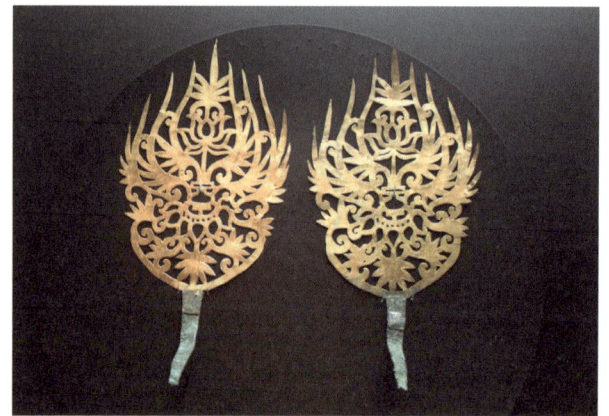

전시하죠.

 무령왕의 아들 성왕은 백제를 더욱 강력한 나라로 만들기 위해 과감한 결단을 내렸어요. 수도를 공주에서 부여로 옮기고 신라의 진흥왕과 동맹을 맺었어요. 두 나라가 힘을 합쳐 고구려가 점령한 한강 유역을 공격해 다시 한강으로 진출했어요. 그런데 진흥왕이 오히려 백제를 공격해 한강을 장악하자 성왕은 신라군과 싸우다 전사하고 말았어요.

백제 창왕명 석조사리감(국보 288호, 국립부여박물관)

 성왕의 아들 위덕왕은 아버지의 명복을 빌기 위해 아버지의 무덤 곁에 절을 지었어요. 이 절은 백제가 멸망하면서 논으로 바뀌어 그 존재가 오랫동안 알려지지 않았죠. 논으로 변한 절 곁에 성왕을 비롯한 왕들이 묻혔을 능산리 고분군이 있어요. 이 고분을 찾는 사람이 늘면서 1993년 주차장을 만들려는 공사를 했는데, 그러다가 절터를 찾았어요.

 발굴 결과, 나무로 만든 탑이 있던 자리에서 사리를 넣은, 왕의 이름이 기록된 돌함이 발견되었죠. 놀라운 발견은 여기서 그치지 않았어요. 연이어 백

백제 금동대향로(국보 287호, 국립부여박물관)

제 금동대향로가 모습을 드러냈어요. 이 향로는 백제의 뛰어난 문화 수준을 보여 주는 명작으로, 국립부여박물관의 대표 유물로 자리 잡았죠. 만약 무령왕릉과 능산리 절터가 발굴되지 않았다면 우리가 아는 백제의 역사는 어땠을까요?

재미있는 백제의 발굴 이야기

　백제 하면 먼저 떠오르는 이야기 가운데 하나가 무왕과 선화 공주 이야기죠. 왕이 되기 전, 무왕은 신라의 수도 경주로 가서 꾀를 내 선화 공주를 아내로 맞았다고 해요. 이야기대로라면 선화 공주의 언니는 신라의 선덕 여왕이에요. 무왕과 선화 공주는 무왕의 고향인 익산에 미륵사라는 큰 절을 짓고 별도의 왕궁을 만들었어요. 훗날 이 동네 이름을 왕의 궁궐이 있던 곳이라고 해서 왕궁리라고 불렀어요.

　왕궁리가 어떤 곳이었는지 궁금했던 연구자들은 발굴을 하기 시작했어요. 그러다 길이가 10.8미터나 되는 구덩이를 발견했는데, 구덩이에서 심한 냄새가 났어요. 냄새를 참으며 구덩이와 특이한 물질들을 조사했죠. 조사 결과는 놀라웠어요. 그곳은 공중 화장실로, 물질에 붙은 건 기생충이고, 심한 냄새는 백제 사람들의 똥 냄새였어요. 함께 발견된 끝이 둥근 긴 막대기는 똥을 닦을 때 사용한 것이었어요. '왕궁사(王宮寺)'라는 글자가 찍힌 기와를 발견하면서

◀ 전라북도 익산 왕궁리에서 발굴된 화장실 유적
▲ 왕궁리 유적전시관에 재현한 화장실 모형

이곳이 백제 무왕 때 만든 별도의 왕궁이었다는 사실도 확인했어요.

아래 사진 속 유물들은 현대 미술가가 만든 설치 미술 작품 같아요. 사실 이 유물들은 독널이라는 항아리 모양의 관이에요. 원래는 눕혀서 사용했는데 깨질까 봐 세워서 전시하고 있어요. 이 유물들이 출토된 열 곳의 지역 가운데 전라남도 나주와 영암 지역이 일곱 곳이나 되어요. 영산강을 끼고 있는 나주와 영암은 가까이 있죠. 특히 세 개는 나주 복암리라는 마을에서 발굴되었는데, 복암리에는 고분군이 여럿 있어요. 그 가운데 3호분은 영산강 유역의 무덤 가운데 가장 규모가 크죠. 400년 동안 모두 41개의 무덤방을 3층으로 만들어 '아파트형 무덤'이라고 불려요. 이곳에서만 27개의 독널이 발견되었고, 1.5미터가 넘는 것도 아홉 개나 되죠. 이 무덤과 독널들은 영산강 유역에 독자적인 문화를 만든 세력이 있었다는 것을 말해 주고 있어요.

이제 백제 하면 서울, 공주, 부여, 익산뿐만 아니라 영산강 유역의 나주와 영암도 빼놓지 말아야 해요.

◀ 시신을 땅에 묻기 위해 사용한 독널들
▲ 나주 복암리 3호분 발굴 모습

이 유물들의 고향은 어디일까?

철로 만든 다양한 유물을 볼 수 있는 가야실

 삼국 시대의 삼국은 고구려, 백제, 신라 세 나라를 일컬어요. 그런데 이 전시실의 이름은 가야실이에요. '가야'는 낙동강을 무대로 했던 여러 나라를 통틀어 부르는 이름이죠. 삼국 시대 이전, 한반도 남쪽에 있던 나라들을 통틀어 부르던 삼한 가운데 진한은 신라로, 마한은 백제로 통합되었어요. 변한은 가야로 이름을 바꾸기는 했지만 다른 두 나라와 달리 한 나라로 통합되지 않은 채 있다 차례로 신라에 항복했어요. 이런 이유로 이 시기를 가야를 빼고 삼국 시대라고 불러요. 그러나 일부 연구자들은 가야 역시 고대 역사에서 중요한 위치를 차지하니 '사국 시대'라고 불러야 한다고 주장해요.

가야실에 들어서면 다양한 유물이 눈에 들어와요. 여러 나라로 이루어진 가야답게 같은 듯 다른 듯 해요. 가야실에 전시된 유물들은 다른 전시실에 있는 유물들과 마찬가지로 처음부터 박물관에 전시하려고 만든 게 아니었어요. 다양한 목적으로 만들어진 물건들로, 대부분 무덤 속에 묻혀 있었어요. 평소에 사용하던 것을 그대로 넣기도 하고, 무덤에 넣기 위해 따로 만들기도 했어요. 박물관에서 눈앞의 유물을 감상하다 보면 유물이 다른 곳에서 왔다는 중요한 사실을 종종 잊곤 해요. 지금은 유물들이 박물관이라는 새집에 살고 있지만 원래 유물의 집은 무덤이고 고향 마을은 무덤들이 모인 고분군인 경우가 많아요. 전시된 유물을 보면서 유물의 고향을 떠올리는 건 쉽지 않아요. 박물관에서도 유물의 고향을 알려 줄 방법이 마땅치 않아 이름표에 어디에서 출토되었다고 기록하는 정도예요.

유물을 풍부하게 이해하려면 고향이 어떤 곳인지 살펴봐야 해요. 한 인물의 생애를 알기 위해 고향 마을을 찾는 것과 같은 이유예요. 유물의 고향은 박물관과는 다른 다양한 상상력을 자극하기 때문이죠.

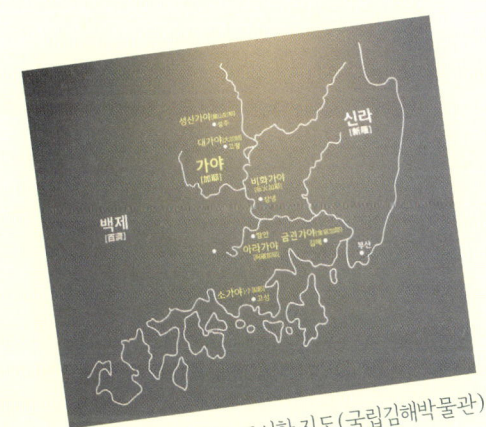
가야의 여러 나라를 표시한 지도(국립김해박물관)

철의 나라 가야와 무덤들

가야는 '철의 나라'라는 별명이 붙었어요. 그 이름답게 가야실에는 다양한 철기와 철광석에서 철을 뽑을 때 필요한 도구들이 전시되어 있어요. 전시된 철기는 주로 무덤에서 발견되었는데, 많은 양의 덩이쇠와 튼튼한 갑옷을 비롯해 말의 갑옷까지 있죠. 가야는 풍부한 철광석을 바탕으로 철을 많이 만들어 남해를 이용해 일본을 비롯한 여러 나라로 수출했어요. 훗날 바닷가 땅에 쇠의 바다라는 뜻의 '김해(金海)'라는 이름이 붙은 건 우연이 아니에요.

가야의 권력층은 한곳에 큰 무덤들을 집중해서 만들었어요. 오래된 무덤들이 몰려 있는 곳을 흔히 '고분군'이라고 부르는데, 가야실에 전시된 유물들은 대부분 고분이 고향이에요. 그 가운데에서 가야의 양대 세력이었던 금관가야

▲ 가야의 철기들이 전시된 진열장
▶ 찬란한 가야의 문화를 간직한 함안 말이산 고분군(사적 515호)

아무도 없어 좀 쓸쓸해 보여.

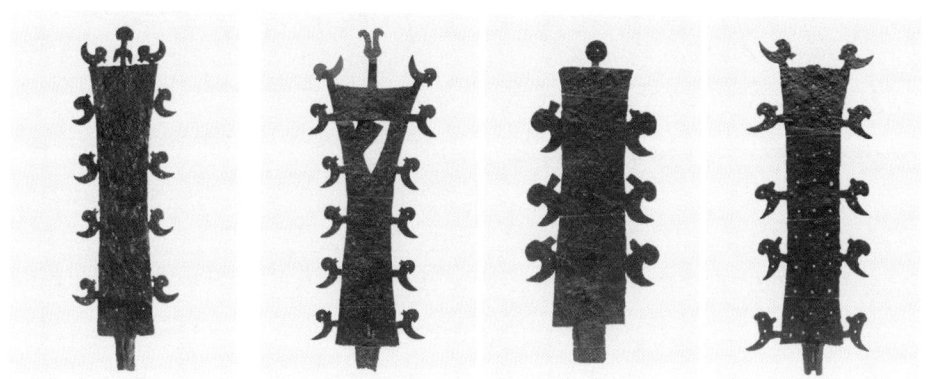

주로 무덤에 넣던 의례용 미늘쇠들(맨 왼쪽은 국립중앙박물관, 그 옆 세 점은 국립김해박물관)

의 대성동 고분군과 대가야의 지산동 고분군이 유명하고, 만만치 않은 세력을 형성했던 아라가야의 말이산 고분군도 널리 알려졌어요.

가야실 앞부분에는 독특한 생김새를 한 미늘쇠가 전시되어 있어요. 쇠판에 미늘(갈고리)이 달려서 미늘쇠라고 불러요. 사진 맨 왼쪽 미늘쇠는 경상남도 함안에 있던 아라가야의 말이산 고분군에서 나왔어요. 미늘쇠에는 기다란 쇠판 위쪽과 양옆에 새들이 많이 달렸어요. 무덤의 주인공이 이 새를 따라 다른 세상으로 가라는 뜻을 지녔다고 해요. 신라와 가야에서 만든 여러 미늘쇠 가운데 아라가야의 미늘쇠가 특히 멋있어요. 가야 전문 박물관인 국립김해박물관에는 아라가야의 다양한 미늘쇠가 전시되어 있어요.

말이산 고분군은 나지막한 산 능선을 따라 길게 늘어섰어요. 능선을 따라 걷다 보면 불쑥불쑥 솟은 무덤들을 자주 만날 수 있어요. 이 무덤 안에는 미늘쇠를 비롯한 다양한 유물들이 묻혀 있었어요. 또 고분군 바로 곁 무덤에서 발견된 말 갑옷은 우리나라에서 실물로는 처음으로 발견된 것이었죠. 국립김해박물관에 전시된 말 갑옷을 보면 역시 철의 나라답다는 생각이 들어요.

금관 가야의 대성동 고분군과 대가야의 지산동 고분군

아래 사진 속 청동솥이 나온 곳은 대성동 고분군으로, 금관가야가 있던 경상남도 김해시 한가운데에 자리 잡고 있어요. 겉에서 보기에 작은 언덕처럼 보이지만 사실 수많은 무덤이 몰려 있어요. 이 고분군을 발굴해 수많은 유물을 발견했어요. 발굴이 끝난 뒤에는 중요한 무덤의 발굴 당시 모습을 볼 수 있도록 대성동 고분군에 그대로 복원해 놓았어요.

아래 전시관 사진 속 왼쪽 부분은 대성동 29호, 오른쪽 부분은 39호 무덤이에요. 특히 29호 무덤 시신이 있던 바닥에는 권력의 바탕인 덩이쇠가 깔렸어요. 함께 나온 청동 솥은 철을 수출하고 그 대가로 받은 중요한 교역품이에요. 권력자가 죽으면 토기, 쇠로 만든 무기와 농기구 등 다양한 물건을 넣어 죽은 뒤에도 잘 살기를 바랐어요. 29호 무덤은 금관가야에서 왕과 같은 막강한 권력을 가진 사람이 나타난 증거로 보고 있어요.

철을 수출하고 받은 청동 솥

금관가야의 무덤 터인 김해 대성동 고분군(사적 341호)

29호 무덤과 39호 무덤 내부 복원 모습(대성동 고분 노출전시관)

한동안 세력을 떨치던 금관가야는 신라의 요청을 받고 온 고구려 광개토 대왕의 공격을 받아 힘이 약해졌어요. 그러자 경상북도 고령에 있던 대가야가 강력한 나라로 성장했어요. 대가야는 산 능선을 따라 권력자들의 무덤을 만들었는데, 거기가 지산동 고분군이죠. 가야실에 있는 금관이 바로 이 고분군에서 나왔어요. 지산동 고분군은 웅장하고 힘이 넘쳐 마치 왕의 강력한 힘을 자랑하는 것 같아요. 특히 44호 무덤을 발굴했을 때 사람들 입이 쩍 벌어졌어요. 무덤의 주인공 주위에 무려 32개의 작은 무덤이 있었는데 주인공을 따라 적어도 37명 이상이 같이 묻혔어요. 마부, 시녀, 호위 무사를 비롯해 심지어 아빠와 딸까지 있었대요. 죽은 권력자를 따라 산 사람을 무덤에 함께 묻는 걸 '순장'이라고 하는데, 이 풍습은 6세기 초에야 사라져요. 이 무덤들은 삼국 시대가 아니라 사국 시대라고 불러야 한다고 외치는 것 같아요.

대가야의 무덤 터인 고령 지산동 고분군(사적 79호)과 32호 무덤에서 나온 금동관

지산동 44호 무덤

순장 풍습을 확인할 수 있는 44호 무덤 재현 모습(대가야박물관)

다양하고 아름다운 가야 토기

가야는 '토기의 나라'라고도 불려요. 그래서 전시실에서 토기도 많이 볼 수 있어요. 가야의 토기는 삼국 시대의 토기 가운데 가장 아름답고 세련되었어요. 어떤 작품은 요즘 만들어진 것처럼 현대적 감각을 뽐내죠. 가야는 여러 나라로 구성되어 있었던 덕분에 개성이 강하고 다양한 토기를 발전시킬 수 있었어요. 연구자들은 토기 모양만 보고도 어느 가야의 것인지 알 수 있다고 해요. 특히 불꽃 모양으로 구멍이 뚫린 토기는 개성이 강해 우리도 한눈에 알 수 있어요. 바로 함안에 있던 아라가야에서 만들어진 거예요. 현재 전해지는 가야의 토기는 거의 대부분 무덤 속에 들어 있었어요. 무덤 속에 있었던 덕분에 오랫동안 안전하게 보존될 수 있었죠.

토기들이 어떤 상태로 무덤에 들어 있었는지 신발모양 토기가 발견된 부산 복천동 고분군을 살펴볼까요? 이곳에는 독로국이라는 나라가 있었어요. 오른쪽 위에 나온 복천동 53호 무덤은 두 부분으로 되어 있는데, 왼쪽에는 무덤의 주인공을, 오른쪽에는 껴묻거리를 묻었어요. 오른쪽 껴묻거리에는 토기들이 많은데, 신발모양 토기는 앞쪽 항아리 위에 놓여 있었어요. 신발 한짝에는

개성이 강한 다양한 토기가 전시된 가야실 진열장

굽다리 접시

신발모양 토기

복천동 53호 무덤 주곽과 부곽(사적 273호, 복천동 고분군 야외전시관)

등잔이 있는데, 다른 짝에는 등잔이 없어요. 원래 모두 있었는데 무덤에 넣으면서 떼어 버린 것 같아요. 옛날에는 껴묻거리를 일부러 깨서 무덤에 넣는 풍습이 있었다고 해요. 무덤을 복원해 놓은 복천동 고분군 야외전시관에 가 보면 무덤 안에 토기를 어떻게 묻었는지 볼 수 있어요.

특히 사물의 모습을 본떠 만든 가야의 토기는 어느 나라보다 다양하고 풍부해요. 신발을 본뜬 토기, 곡식 창고를 본뜬 토기, 사슴이 장식된 단지, 말머리 모양을 한 뿔잔, 수레바퀴모양 토기에 이르기까지 눈을 뗄 수 없을 정도예요. 음식이 든 토기도 여럿 발견되었어요. 이 토기들은 대부분 죽은 사람이 죽음 이후의 세상으로 잘 가서 잘 살기를 기원하며 묻었어요.

집모양 토기

사슴이 있는 구멍단지

말머리모양 뿔잔(보물 598호)

수레바퀴모양 토기

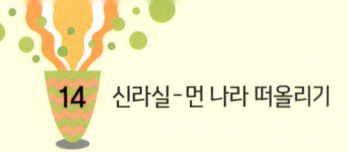
14 신라실-먼 나라 떠올리기

우리나라에서 발견되었다고 우리가 만든 것일까?

저 위에 있는 병은 어디서 만든 걸까?

우리나라에서 만든 것 같지 않아요.

신라의 여러 무덤에서 나온 유리 그릇들

진열장 안에 작은 유리 그릇들이 전시되었어요. 신석기 시대부터 삼국 시대까지 전시된 그릇들은 붉은색이나 회색 아니면 검은색 토기들이 대부분이에요. 그런데 이 그릇들은 푸른색이어서 신선해 보이는 데다 물방울 같은 무늬까지 들어 있어요. 생긴 모습도 토기와 달리 부드러워 마치 요즘에 만

124

든 그릇 같아요. "그럼 그렇지. 우리 조상들이 토기만 만든 게 아니라 유리 그릇까지 만들었군! 대단해!" 하며 감탄할 법도 해요.

유리 그릇들 가운데에서 유달리 한 작품이 눈을 사로잡아요. 다른 그릇들은 낮은 곳에 전시되어 있는데, 이 병은 높은 곳에 따로 우뚝 전시되어 맘껏 자태를 뽐내고 있어요. 박물관에서는 전시를 할 때 특별히 중요한 유물은 따로 놓거나 높이 올려놓아 다른 것들과 구분을 짓곤 하죠. 이 작품이 그만큼 중요하다는 뜻이에요. 그러고 보니 국보 193호로도 지정되었어요.

목이 긴 새처럼 생긴 이 병은 봉황 머리 모양을 닮았다고 해서 '봉수형 유리병'이라고 불러요. 병의 주둥이에 굴곡을 주었고 따르는 부분은 쏙 들어가게 만들었어요. 그런데 손잡이가 독특해요. 가는 금실로 둘둘 말았는데 아주 옛날에 손잡이가 깨져 금실로 보수를 한 거래요. 요즘에는 손잡이가 깨지면 "못 쓰겠네." 하며 버렸을 텐데 이렇게까지 한 걸 보면 이 유물이 귀한 대접을 받았다는 걸 알 수 있어요. 게다가 5세기 무렵에 만들어진 거대한 황남대총 남쪽 무덤에서 발견된 걸 보면 심증이 더 굳어져요.

그런데 자꾸 이 병을 보다 보면 뭔가 낯설다는 느낌이 커져요. 유리 제품이기도 하고 생긴 모습이 독특해서 그런 것 같아요. 낯선 느낌이 드는 이 유물을 정말 우리나라에서 만든 것일까요?

아름다운 자태를 간직한 경주 98호 남분 유리병

봉수형 유리병은 어디에서 왔을까?

봉수형 유리병처럼 생긴 병을 보통 오이노코에 병이라고도 불러요. 우리나라에서는 이 유물을 빼고는 비슷한 유리 작품이 발견되지 않았어요. 반면 멀리 떨어진 지중해 지역에서 이것보다 먼저 만들어진 작품들이 많이 발견되었어요. 로마를 중심으로 한 지중해 지역에서는 오래전부터 유리 공예가 무척 발달했어요. 봉수형 유리병은 대롱으로 유리에 바람을 불어 넣어서 만들었는데, 이 기법은 지중해 지역의 유리 제작 기법과 같아요.

3~5세기 동지중해 연안에서 만들어진 손잡이 달린 물병

당시 우리나라에서도 유리를 만들기는 했지만 이 유리병은 우리나라 유리와 성분이 달라요. 오히려 지중해 지역에서 생산되는 유리와 성분이 비슷하죠. 또, 유리를 만들 때 들어간 재료 가운데 일부는 지중해 지역에서만 쓰는 것이라고 해요. 이런 점들을 미루어 보면 이 유리병은 지중해 지역이나 그 근처에서 만들어진 것으로 보여요. 무역을 하는 상인을 거쳐 중국으로 들어왔다 다시 신라까지 여행을 온 셈이죠. 힘들고 어렵게 온 만큼 아주 귀한 대접을 받았어요.

유리병이 발견된 황남대총 남분은 왕의 무덤이고, 곁에 붙은 북분은 왕비의 무덤이에요. 북분에서는 왕비의 무덤답게 모두 11개의 팔찌가 발견되었어요. 그 가운데 왼쪽 사진 속 금팔찌만 모습이 완전히 달라요. 금판에 파란색, 회색, 흑색의 보석을 끼워 넣고, 뒤

황남대총 북분 금팔찌(보물 623호)

에 금판을 하나 더 대서 만들어진 모습은 중앙아시아나 서남아시아에서 만들어진 팔찌와 비슷하죠. 그래서 이 팔찌 역시 멀리서 온 것으로 추정해요.

아래 사진 속 은잔도 황남대총 북분에서 발견되었어요. 거북등껍질 같은 육각형무늬 안에 갖가지 동물들을 나타냈어요. 육각형무늬를 이용한 유물은 식리총이라는 무덤에서 발견된 금동 신발에서도 보여요. 신발에서 금동으로 만든 바닥만 남았는데 바닥에 숨 쉴 틈 없이 무늬를 배치했어요. 은잔처럼 육각형무늬 안에 사람 머리를 한 새나 날개 달린 물고기 같은 상상의 동물을 비롯해 다양한 동물을 묘사했어요.

거북등껍질무늬는 신라가 아니라 멀리 중앙아시아에서 유행한 거예요. 은잔처럼 무늬를 두드리거나 찍어 눌러 표현한 기법은 서남아시아 지역에서 유행했죠. 신발의 거북등껍질무늬의 테두리와 신발 테두리에는 작은 금 알갱이가 줄줄이 붙었어요. 금 알갱이를 붙이는 기법은 서남아시아와 관련이 깊다고 해요. 무늬의 형태나 무늬를 만드는 기법은 점차 동쪽으로 이동하면서 신라까지 왔고, 신라인들은 이 기법을 이용해 작품을 만들었어요. 봉수형 유리병이나 금팔찌처럼 직접 물건이 전해지기도 하고, 은잔이나 신발처럼 제작 기법과 무늬의 표현 방법이 신라에 전해지기도 했어요. 문화는 한곳에 머물지 않고 이쪽저쪽으로 흐르며 여러 나라의 문화를 더욱 풍요롭게 만들어요.

▲ 황남대총 북분 은잔(보물 627호)
▶ 불꽃무늬와 거북등껍질무늬, 연꽃무늬가 일정하게 배치된 금동 신발

봉수형 유리병이 온 길, 그 길로 간 사람들

 봉수형 유리병과 금팔찌는 어떤 길을 거쳐 신라까지 왔을까요?

 아래 지도를 보면 지중해부터 신라까지 몇 개의 줄이 그어졌어요. 육지에는 크게 두 개의 줄이, 바다에는 한 개의 줄이 보여요. 이 줄들은 로마를 중심으로 한 지중해 지역과 중국 및 신라 사이에 물품과 사람이 오고 갔던 길이에요. 가장 위쪽 길은 만주에서 유럽까지 말 달리기 좋은 초원으로 이어져 있어 초원길이라고 부르죠.

 그 아랫길은 가장 많이 이용한 길이에요. 신라는 주로 이 길을 따라 중국으로 들어온 물품을 다시 들여온 것으로 보여요. 이 길은 둔황에서 왼쪽으로 두 줄로 갈라지는데 길 사이에 험난한 타클라마칸 사막이 펼쳐졌어요. 예전에는 여기로 중국의 비단이 유럽의 로마로 갔다고 해서 이 길만 '비단길'이라고 했는데, 지금은 초원길과 바닷길까지 포함해 비단길이라고 불러요.

 비단길은 도적, 굶주림, 질병, 자연재해와 맞서야 하는 목숨을 건 길이었어요. 그러나 이 길이 있었기 때문에 서쪽의 문물이 동쪽의 신라에까지 전

신라실 벽면에 있는 비단길 지도

우즈베키스탄의 아프로시아브 궁전에 그려진 7세기 벽화 복원도 　　고구려 사신 얼굴 확대 모습

해질 수 있었죠.

　그렇다면 유물이 온 길을 거슬러 간 우리나라 사람들은 없었을까요? 지도를 보면 둔황에서 두 줄로 갈라진 비단길이 타클라마칸 사막을 지나 하나로 합쳐지고 얼마 지나지 않은 곳에 '사마르칸트'가 나와요. 지금 이곳은 우즈베키스탄에 있는 큰 도시죠. 1965년 이 도시의 옛 중심지인 아프로시아브 유적에서 벽화가 발견되었어요. 아프로시아브 궁전 벽에 여덟 명이 서서 이야기를 나누거나 기다리는 그림이 그려져 있어요. 이들은 7세기 어느 때에 이 나라 왕의 즉위식을 축하하러 찾아온 외국 사신들이에요. 이 가운데에서 가장 오른쪽에 있는 두 명을 잘 보세요. 연구자들은 사신의 얼굴과 고구려 벽화에 자주 보이는 새 깃털로 장식한 조우관을 쓰고 있는 모습으로 비추어 보아 이들이 삼국 가운데에서도 고구려에서 온 사신으로 추정했어요. 중국을 견제하기 위해 사마르칸트 지방에 파견한 고구려의 사신이라는 거죠. 이 벽화를 통해 당시 우리나라가 먼 나라와 직접 교류했다는 사실을 알 수 있어요.

　삼국 시대의 문화는 먼 지역까지 오고 갔던 사람들이 있었기 때문에 더욱 풍성해졌어요.

15 신라실-비교하기

이 토기들은 뭐가 같고 뭐가 다를까?

신라실에 들어가면 말을 탄 사람 모양 토기를 만날 수 있어요. 두 점을 나란히 전시하기도 하고 때로는 한 점만 전시하기도 해요. 쇠로 만든 것처럼 단단해 보이지만 흙으로 만든 토기죠.

얼핏 보면 두 토기는 비슷한 점이 많아요. 말을 탄 모습을 비롯해 전체 모양이 마치 한 사람이 형제를 빚은 것 같아요.

원래 이 토기들은 금령총이라는 무덤에 함께 묻혀 있었어요. 금령총은 경주에 있는 신라 시대의 무덤으로, 일제 강점기인 1924년에 발굴되었어요. 발굴을 할 때 이미 무덤의 위쪽이 무너진 상태였어요. 관 안에서는 금관이, 관

뭐가 다르고 뭐가 같을까?

둘 다 말을 타고 있어요!

기마인물형 토기-하인상

곁에 있던 껴묻거리 상자에서 두 점의 말을 탄 사람 모양의 토기가 발견되었어요. 금관의 크기가 작아 어린아이의 무덤일 거라고 추정해요. 이 무덤은 6세기 초에 만들어졌다고 하는데, 이때는 신라의 기틀을 다진 지증왕과 법흥왕이 다스릴 때였어요.

  이 토기들은 원형이 잘 남아 있고 말의 갖춤 장식이 잘 갖춰진 데다 인물의 얼굴이 분명해 신라의 토기 가운데 가장 널리 알려졌어요. 그뿐만 아니라 우리나라를 대표하는 작품이기도 하죠. 서울 지하철 3호선 경복궁역에 가면 돌로 크게 만들어 놓았을 정도예요. 얼핏 보면 비슷해 보여도 비교해 보면 다른 점을 더 많이 찾을 수 있어요.

금령총 출토 당시의 모습

왼쪽 건 소박하고 오른쪽 건 화려해요!

기마인물형 토기-주인상

구석구석 비교해 보기

언뜻 보면 유물 두 점은 비슷해 보여요. 특히 사람이 말을 타고 있다는 점이 가장 비슷하죠. 앞쪽부터 보면, 말의 생김새가 비슷한 데다 목 아래쪽에 긴 막대기 같은 것이 붙었어요. 말의 입에는 말을 부리는 장치인 재갈이 물려 있어요. 말의 머리에는 마치 유니콘 뿔 같은 것이 솟아 있는데, 이건 뿔이 아니라 말갈기를 묶은 거예요. 왼쪽 말의 갈기는 부러져서 지금은 볼 수 없죠. 말 등에는 모두 안장을 얹었고, 다리 사이에 사람 옷에 흙탕물이 튀는 걸 막아 주는 네모난 장니를 달았어요. 말의 앞쪽과 엉덩이에 장식을 둘렀고, 말 등에 잔처럼 생긴 그릇을 달았어요. 말은 멈춰 선 모습으로 네모난 판 위에 가만히 서 있어요.

그런데 자세히 보면 볼수록 차이가 도드라져요. 왼쪽 인물은 동그란 모자를, 오른쪽 인물은 납작한 모자 같은 것을 쓰고 끈으로 고정시켰어요. 왼쪽 인물은 오른손에 방울 같은 것을 흔들고 있는데 죽은 이를 저승으로 안내할 때

여러 각도에서 본 하인상

모자가 사과 꼭지처럼 생겼어!

쓰는 것과 비슷하게 생겼어요. 왼쪽 인물보다 오른쪽 인물의 눈과 코가 분명해요. 왼쪽 인물은 어깨에 자루를 두르고 옷만 입은 것 같은 반면, 오른쪽 인물의 몸과 다리를 보면 갑옷을 입은 것 같아요.

이번에는 말을 볼까요? 말의 엉덩이와 목 아래에 있는 줄로 연결된 장식 부분을 보면 왼쪽 말은 단순한 반면 오른쪽 말은 정교하고 장식도 많아요. 말 등에 있는 둥근 잔 역시 왼쪽 말에는 아무런 장식이 없지만 오른쪽 말에는 뾰족한 침을 빙 둘러가며 붙였어요.

전체적으로 왼쪽 토기보다 오른쪽 토기가 더 정성스럽게 만들어졌어요. 그래서 연구자들은 왼쪽 인물은 하인이고 오른쪽 인물은 주인일 거라고 말해요. 한편 왼쪽 인물이 오른손에 들고 있는 방울에 주목해 하인이 아니라 오른쪽 인물을 죽음의 세계로 인도하는 무당 같은 사람이라고 보기도 하죠. 여러 사람의 말대로 오른쪽 인물은 무덤의 주인공으로 보이는 어린아이일까요? 아니면 이 어린아이를 지키는 호위 무사일까요?

여러 각도에서 본 주인상

이 모자는 생일날 쓰는 고깔모자 같은걸!

무엇에 썼을까?

이 두 점의 토기에는 보통 말에서 볼 수 없는 부분이 있어요. 벌써 눈치챘죠? 말 등에 붙은 잔과 말 가슴 부분에 달린 막대기예요. 이것은 이 토기가 어떻게 쓰였는지 알려 주는 가장 중요한 단서랍니다. 엑스레이로 이 토기를 촬영했더니, 등에 붙은 잔부터 앞의 막대기까지 막히지 않고 이어져 있었어요. 바로 이 토기는 '주전자'였어요. 우리가 흔히 쓰는 주전자와 생김새는 달라도 기본적인 구조는 같아요. 등에 붙은 잔과 가슴에 붙은 막대기에 구멍이 뚫려 있어요. 잔이 깔때기 역할을 해서 액체를 흘리지 않고 손쉽게 부을 수 있었을 거예요. 이 주전자에는 술을 담아 의식에 썼던 것 같아요.

그런데 왜 주전자를 말 모양으로 만들었을까요? 말은 사람을 태우고 사람이 가고자 하는 곳으로 가죠. 멀리 여행을 떠날 때에도 말을 타고 가는데, 여행 가운데 가장 먼 여행이 이 세상을 떠나 또 다른 세상으로 가는 여행이에요. 이때 말은 죽은 이를 태우고 저세상으로 가는 일을 해요.

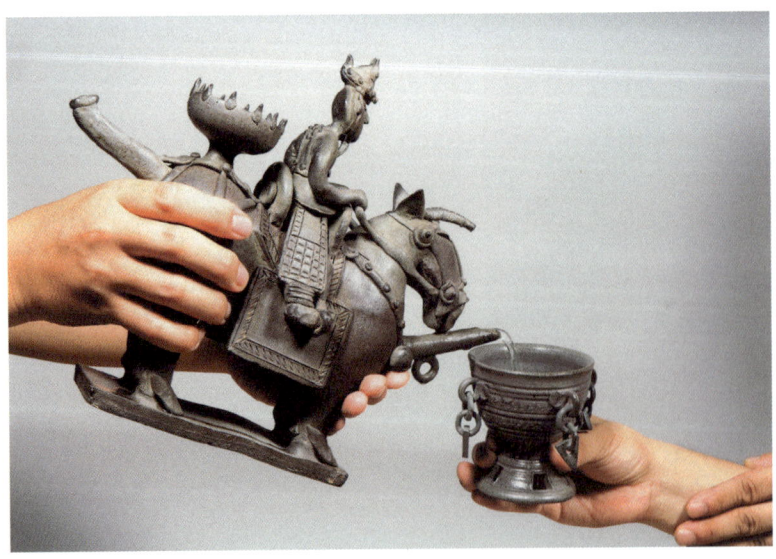

복제품으로 잔에 술을 따르는 모습

특히 말은 신라의 신화와 관련이 깊어요. 신라를 건국한 박혁거세 신화에 말이 등장해요. 경주의 양산 기슭 우물가에서 말이 절을 하듯 무릎을 꿇고 있어 이를 이상하게 여긴 촌장들이 가 봤더니 그곳에는 자줏빛 알이 있었어요. 사람들이 오자 말은 길게 울고는 하늘로 올라가 버렸어요. 여기에 등장하는 말은 이 세상과 하늘을 오가는 역할을 하고 있어요. 말이 운송을 담당하는 일반적인 기능뿐만 아니라 박혁거세 신화에서 보이듯이 세상과 다른 세상을 연결해 주는 상징적인 역할도 하죠.

말탄무사모양 주전자(국립경주박물관)

하지만 신라에서 말 모양 토기가 계속 사용된 건 아니었어요. 말이나 말과 관련된 도구, 말모양 토기를 무덤에 묻는 경우가 줄어들었거든요. 또, 신라 법흥왕이 불교를 공식적으로 인정하면서 사람들은 죽으면 말을 타고 다른 세상으로 가는 대신, 부처가 있는 세상으로 간다고 믿게 되면서 무덤에서 말은 사라진 것으로 보여요.

같은 역할을 한 토기를 찾아볼까?

말모양 토기가 나오기 이전에는 어떤 토기가 다른 세상과 연결시켜 주는 역할을 했을까요? 아래 사진에 보이는 토기가 그 역할을 했어요. 몸통은 꼭 새를 닮았는데, 얼굴이 좀 독특해요. 머리에 난 장식이 닭의 벼슬 같다고 해서 닭이라고 하는 사람도 있지만 넓적한 주둥이와 코를 보고 오리라고 하는 사람이 많아요. 그뿐만 아니라 귀와 눈이 합쳐진 듯한 모습을 두고 '귀다, 눈이다, 눈과 귀가 합쳐진 거다.' 등 의견이 분분하죠. 여러분의 눈에는 어떻게 보이나요?

이 토기가 만들어질 당시 중국에서 신라와 이웃한 가야의 장례 풍습을 보고 "장례 때 큰 새 깃털로써 주검을 보낸다."라고 기록했어요. 이 기록으로 보면 당시 사람들은 새가 죽은 이의 영혼을 하늘이나 다른 세상으로 옮겨 주는 역할을 한다고 믿은 것 같아요. 실제로 무덤 안에서 새의 깃털로 만든 부채가 발견되기도 했어요. 말이 했던 역할을 전에는 새들이 담당한 셈이죠.

▲ 오리모양 토기
▶ 오리 머리 부분 확대 모습

오리모양 토기는 기마인물형 토기와 비슷한 점이 있어요. 등에 뻥 뚫린 동그란 구멍이 있다는 점이에요. 액체가 나오는 부분은 꼬리에 있어요. 오리모양 토기 역시 주전자였던 거예요. 이 오리모양 토기가 무덤에서 크기가 다른 쌍으로 발견될 경우, 큰 것은 수컷이고 작은 것은 암컷이 아닐까 추정하죠. 부부가 아이를 낳듯 죽은 이가 새로운 생명으로 태어나라는 의미를 지녔다고 보기도 해요. 새에 다양한 의미가 깃들었죠.

주전자를 꼭 동물 모양으로만 만든 건 아니에요. 아래 사진은 몇 해 전, 경상남도 창원에서 발견된 가야 시대의 집모양 토기예요. 집 바닥에 있는 아홉 개의 기둥으로 보아 식량 창고일 가능성이 커요. 지붕의 앞과 옆에는 동그란 구멍이 있어요. 앞에서 본 주전자들과 같은 구조예요. 곡식 창고 모양으로 주전자를 만든 건 죽어서도 넉넉하게 살라는 뜻이겠죠.

이 토기들을 보면 이 시대 사람들이 죽음 이후의 세계를 얼마나 중요시했는지 알 것 같아요.

다락집 모양을 한 집모양 토기(국립김해박물관)

박물관 깊이 보기 ❺

🧒 유물이 왜 아파요?

사람처럼 유물도 세상에 태어난 순간부터 나이 들기 시작해. 나이가 들면서 자연스럽게 원래의 모습과 달라지지. 때로는 큰 사고를 당해 깨지거나 부서지거나 녹이 슬거나 일부분이 사라지기도 하고. 이럴 땐 사람처럼 적절한 치료를 받아야 해. 왜냐고? 후손들에게 오래도록 전해 줘야 하니까. 유물을 치료하는 분야를 '보존 과학'이라고 불러. 보존 과학자들은 유물을 치료하기 위해 유물이 언제, 어디서, 어떻게 만들어졌고 아픈 원인이 무엇인지, 어떻게 치료를 해야 하는지 고민해.

기마인물형 토기-주인상을 어떻게 치료했는지 살펴볼까? 이 유물은 처음에 조각난 상태로 발견되어 임시로 붙여 놓았어. 그런데 그 상태로 더 있다가는 문제가 생길 것 같아 해체했다가 다시 붙였어. 조각난 부분은 잇고 없어진 부분은 다시 만들어 우리가 지금 보고 있는 작품이 탄생했지.

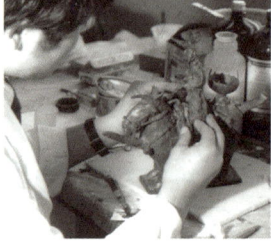

▲ 기마인물형 토기 조각들
▶ 기마인물형 토기 붙이는 장면
▶▶ 기마인물형 토기-주인상

유물의 비밀을 푸는 방법은?

주로 과학 장비를 이용해 눈으로 알 수 없는 비밀을 풀곤 해. 아래 작품은 통일신라 말의 유명한 학자 최치원이야. 겉보기에는 아무런 문제가 없어 보여. 그런데 그림을 자세히 살펴보면 그림 오른쪽 아랫부분이 어색하게 보이고 가운데 아랫부분의 네모 칸이 온통 주황색으로 칠해졌어. 보통 이 네모 칸에는 글씨가 쓰여 있거든.

▲ 최치원 진영(운암영당 소장)
▲ 적외선 사진 ▶ 엑스레이 사진

비밀을 풀기 위해 옛날 글씨를 쓰던 재료인 먹에 민감하게 반응하는 적외선을 쏘았더니 최치원의 발 아래 주황색 부분에서 눈에는 보이지 않던 글자가 나타났어. 이 글에 따르면 이 그림은 쌍계사라는 절에서 제작했다고 해.

이번에는 엑스레이로 그림을 조사했어. 그랬더니 그림 속에서 또 그림이 나왔지. 오른쪽 아랫부분과 왼쪽 중간 부분에 시중을 드는 어린아이가 있어. 원래 절에 있던 것을 다른 곳으로 옮기면서 절에 있었다는 흔적을 없애려고 덧칠한 것 같아.

16 신라실-다양한 기록 읽기

무엇이 역사 자료가 될까?

돌이나 그릇 등에 새겨진 글자를 볼 수 있는 신라실

신라실에 있는 작은 방에 돌들이 여러 점 전시되어 있어요. 어떤 돌은 밖에 나와 있고 또 어떤 돌은 진열장 안에 들어 있어요. 박물관에 전시한 걸 보면 보통 돌은 아닌 것 같죠. 찬찬히 들여다보면 돌에는 모두 글자가 새겨져 있어요. 이렇게 글자가 새겨진 돌을 '비석'이라고 불러요. 이 비석들은 모두 신라에서 만들어졌어요. 물론 다른 나라에서도 비석을 만들었는데, 고구려의 광개토 대왕릉비, 백제의 사택지적비가 널리 알려졌어요.

글자가 새겨진 건 돌뿐만이 아니에요. 금속으로 만들어진 그릇에서도 글자를 찾을 수 있어요. 앞에서 살펴본 「연가 칠년」이 새겨진 금동불 입상이나 「호우」 글자가 있는 청동 그릇도 마찬가지죠. 쇠나 돌에 새긴 글자를 '금석문'이라고 해요. 금석문뿐만 아니라 나무 막대기에서도 글자가 발견되었어요. 늪에 묻힌 나무는 공기와 접촉하지 않아 잘 썩지 않거든요. 금석문이나 나무에 있는 글자는 당시의 모습을 생생히 전해 주기 때문에 무척 중요해요.

그런데 종이에 남긴 기록은 왜 없을까요? 글자가 쓰여 있는 삼국 시대의 종이는 거의 찾아볼 수 없어요. 종이는 쉽게 불에 타고 잘 썩기 때문이죠. 당연히 역사책 한 권 전해지지 않아요. 그렇기 때문에 금석문이나 나무 막대기의 글자들이 더 중요할 수밖에 없지요.

▶ 안압지 출토 명활산성비 글자 부분
▶▶ 「연수」명 은그릇
▶▶▶ 성산산성 목간

진흥왕 순수비 읽어 보기

아래 사진 속 비석은 북한산 신라 진흥왕 순수비예요. 오랫동안 산꼭대기에서 비바람을 맞아 글자가 희미해졌어요. 비석 오른쪽 첫 번째 줄에 '진흥태왕급중신등순수△△지시기'라고 쓰여 있어요. '진흥태왕 및 여러 신하들이 순수할 때의 기록이다.'라는 뜻이죠. 이 기록에서 신라 진흥왕 때 이 비석을 세웠다는 것과 진흥왕이 신하들과 직접 영토를 둘러보았다는 사실을 알 수 있어요. 그다음은 비석을 세운 사연과 왕을 수행한 신하들 명단, 마지막 줄은 잘 보이지 않지만 비석을 세운 때를 쓴 것으로 보여요.

비석의 글자를 통해 비석에 대한 중요한 정보를 얻을 수 있어요. 그러나 비석이 전하는 의미를 더 잘 이해하기 위해서는 이것만으로 부족해요. 비석이 원래 있었던 위치를 알면 비석이 달라 보여요. 지금은 박물관에 전시되어 있

555년에 만들어진 북한산 신라 진흥왕 순수비(국보 3호)

비석 앞면을 확대한 모습과 비석 옆면에 김정희가 새긴 글자

북한산 비봉에서 내려다본 서울의 모습

지만 원래 서울 북한산 비봉이라는 산봉우리에 세워졌어요. 비석이 서 있던 곳에서는 한강 일대가 훤하게 내려다보이는데, 그곳에 가려면 절벽을 기어올라가야 할 정도로 험해요. 이런 곳에 비석을 세운 걸 보면 진흥왕이 땅을 넓힌 일에 얼마나 자부심을 느꼈는지 알 수 있어요.

또 진흥왕이 살았던 시대에 대해 알아야 해요. 진흥왕은 백제의 성왕과 함께 고구려가 점령한 한강 유역을 공격해 빼앗았어요. 그러고는 힘을 합쳤던 백제를 공격해 그토록 소원하던 한강 하류 일대를 장악했죠. 이 땅이 지금의 서울이에요. 경상도 지역에 머물던 신라가 소백산맥을 넘어 한강으로 영역을 확장한 건 신라 역사상 처음이었어요.

비석의 옆면을 보니 앞면보다 글자가 선명해요. 진흥왕 당시가 아니라 한참 훗날 새긴 글자거든요. 조선 후기의 학자 김정희가 비문을 읽고 이 비석이 진흥왕 순수비라는 걸 확인했다고 새겼어요. 요즘 이렇게 한다면 유물을 훼손하는 행동이겠지만 옛날에는 그렇게 생각하지 않았어요. 진흥왕 당시의 것은 아니지만 이 기록도 비석 자체의 역사를 알려 주는 중요한 자료예요.

그 많던 책은 어디로 갔을까?

우리나라에서는 고조선 때부터 문자를 사용한 것으로 보이지만 그 흔적을 찾기는 쉽지 않아요. 주로 이 시대 이후에 만들어진 유물에서 문자가 발견되었어요. 고조선이 멸망한 뒤 세워진 낙랑의 유적지에서 한자가 새겨진 도장이 나왔어요. 낙동강 유역에 있던 다호리 유적지에서는 길쭉한 나무 막대기처럼 생긴 붓이 나왔어요. 이 유물들을 통해 늦어도 기원전 1세기에 우리나라에서 글자를 사용했다는 걸 알 수 있죠.

삼국 시대에 접어들면서 각 나라에서 역사책을 펴냈어요. 고구려에서는 『유기』, 백제에서는 『서기』, 신라에서는 『국사』를 편찬했다고 하죠. 그러나 이 책들 모두 전해지지 않아요. 삼국 시대의 역사책뿐만 아니라 통일신라 시대의 역사책도 전하는 게 하나도 없어요. 다만 김대문이 화랑의 우두머리의 역사를 기록한 『화랑세기』라는 책을 베껴 썼다는 책이 전해지지만 진짜다 가짜다 논쟁이 계속되고 있어요.

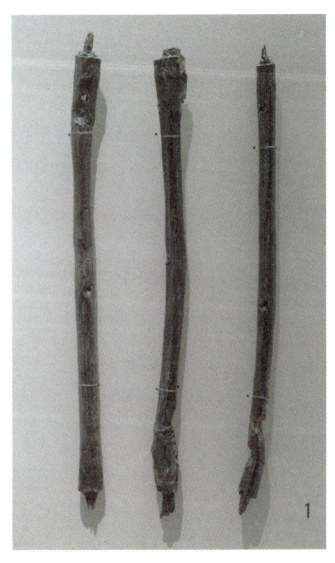

왜 먹을 수 있는 유물은 없지?

◀◀ 다호리 붓
◀ 칠기로 만들어진 다호리 붓
복제품(국립김해박물관)

『삼국사기』

옛날에도 공부를 많이 했나?

경상북도 울진 성류굴 벽에서 발견된 금석문

　우리에게 전하는 가장 오래된 역사책은 고려 시대에 김부식이 편찬한 『삼국사기』예요. 김부식은 당시까지 전하는 우리나라와 중국의 여러 역사책을 참고해 삼국의 역사를 편찬했어요. 지금 우리가 알고 있는 삼국 시대의 모습은 『삼국사기』를 근거로 해서 연구한 결과가 대부분이에요. 만약 이 책이 없었다면 삼국의 역사를 제대로 알기 어려웠을 거예요. 신라와 유학자의 입장에서 편찬되어 공평치 못한 면이 있기는 하지만요.
　삼국 시대 당시의 책이 없는 상황에서 다른 자료들이 더욱 중요해졌어요. 연구자들이 당시에 돌이나 쇠, 나무에 쓰인 글자를 발견하면 황금 보물을 얻은 것처럼 기뻐하는 이유예요. 2015년에는 경상북도 울진 성류굴에서 신라의 관리가 동굴을 다녀간 기념으로 새긴 글자를 발견했다고 언론에서 대대적으로 보도했을 정도죠. 삼국 시대의 책이나 종이 문서는 앞으로도 발견될 가능성이 거의 없지만 금석문은 앞으로 발견될 가능성이 있어요.

해석이 바뀌는 자료들

신라실 한 진열장 안에 특이한 나무 막대기들이 전시되어 있어요. 한쪽 끝에 홈이 파였고 검은색으로 글자가 쓰여 있어요. 글자가 있는 이런 나무 막대기를 '목간'이라고 불러요. 전시된 목간은 경상남도 함안에 있는 성산산성에서 발견되었는데 어디에서 누가 무엇을 얼마나 보냈는지 기록되었어요. 이 목간들이 발견되자 연구자들은 흥분을 가라앉히고 엄청나게 연구를 했어요. 그 결과 이 목간은 신라가 함안을 점령한 뒤에 쌓은 성산산성과 관련된 것으로, 신라가 어떻게 지방을 다스렸는지 알려주는 증거라고 생각했죠.

그런데 나중에 성산산성을 발굴한 고고학자가 깜짝 놀랄 만한 발표를 했어요. 학자는 목간과 함께 발견된 유물들이 놓여 있던 상태를 눈여겨보고 그 유

 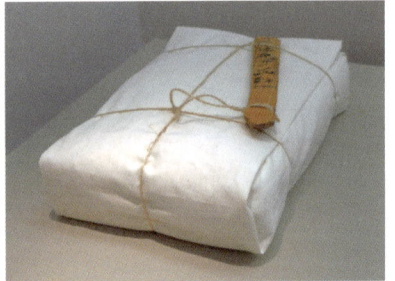

여러 가지 정보가 담긴 목간과 짐에 붙은 목간의 모습

물들이 만들어진 시기와 성격을 정밀하게 연구했어요. 그리고 나서 목간은 신라가 함안을 점령하고 나서 한참 뒤에 만들어진 것이며, 목간에 쓰인 내용도 성산산성과 관련이 없다고 주장했어요. 그동안 목간을 연구하고 글을 쓴 사람들은 이 주장을 듣고 무척 당황스러웠을 거예요. 이처럼 역사의 해석은 변하지 않는 것이 아니라 새로운 근거가 나타나면 바뀔 수 있어요.

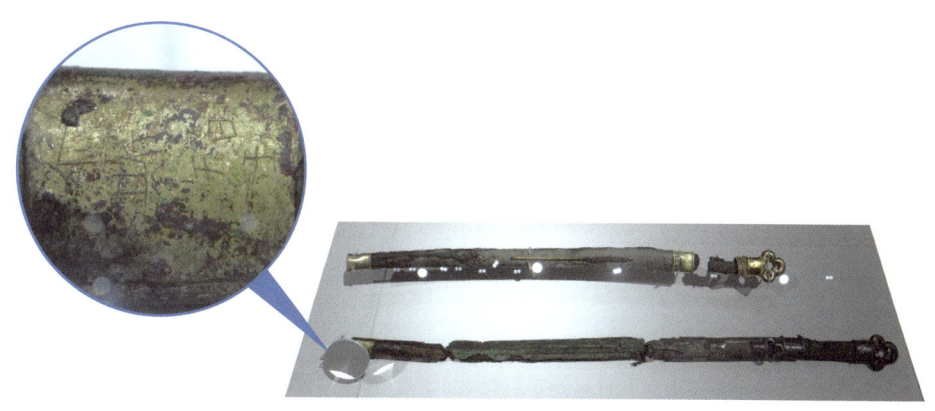

이사지왕 칼. 신라 고분 부장품 가운데 최초로 나온 왕의 이름인 '이사지'

    1921년 경주의 한 무덤을 조사했는데, 거기서 우리나라 역사상 처음으로 금관이 나왔어요. 그 뒤로 무덤 이름을 '금관총'이라 하고 신라를 '황금의 나라'라고 부르게 되었어요. 금관과 함께 나온 유물 가운데 긴 칼이 있었어요. 칼이 놓인 위치에 따라 남자 무덤인지 여자 무덤인지 구분을 하는데, 이 무덤에서는 허리가 아니라 머리 위에서 발견되어 여자의 무덤이라고 생각했죠.

    그런데 국립중앙박물관에서 이 칼을 안전하게 보존하는 작업을 하다 '이사지왕'이라는 글자를 발견했어요. 신라의 무덤에서 처음 왕의 이름이 나오자 관계자들은 깜짝 놀랐죠. 그런데 이 이름은 오히려 수수께끼를 던졌어요. 이사지왕은 기록에 등장하지 않는 이름이었으니까요. '실제 신라 왕의 다른 이름이다, 왕은 아니지만 왕의 형제 같은 가까운 사람들에게 붙인 이름이다, 신분이 높은 귀족이다.' 등 여러 가지로 추정했어요. 무덤의 주인공도 의견이 나뉘었어요. 여전히 여자의 무덤으로 보기도 하지만 다른 무덤들과 견주어 이사지왕의 무덤일 거라고 생각하기도 해요.

    이처럼 기록에 대한 해석은 하나의 정답만 있는 게 아니에요.

두 수막새에는 어떤 연관성이 있을까?

흥륜사 터 수막새

분황사 수막새

신라실에 비슷하게 생긴 유물 두 점이 전시되어 있어요. 비슷한 유물을 전시한 건 그만한 이유가 있기 때문이겠죠. 먼저 겉모습을 살펴봐요. 이 동그란 유물들은 기와집의 지붕 끝을 덮는 수막새의 끝부분이에요. 기와는 지붕 아래 깔리는 암키와와 그 위를 덮는 수키와로 되어 있는데, 그 가운데 지붕 끝부분을 덮는 기와를 암막새와 수막새라고 불러요. 두 점 모두 꽃을 나타냈는데, 왼쪽 수막새는 단순한 반면 오른쪽 수막새는 섬세하고 화려해요. 수막새에는 아름다운 무늬가 많아 박물관에서는 수막새를 주로 전시해요. 지붕 끝을 꽃무늬 수막새로 장식한 건물은 마치 꽃이 활짝 핀 것처럼 보였을 것 같아요.

　옛집 가운데 기와로 지붕을 덮은 대표적인 곳으로 궁궐을 꼽을 수 있어요. 지금도 조선 시대의 궁궐인 창덕궁에 가면 고래등 같은 기와집을 만날 수 있어요. 옛 궁궐터를 발굴해도 기와가 많이 나와요. 궁궐에 버금가는 곳으로 절을 빼놓을 수 없어요. 불교를 믿었던 삼국 시대부터 고려 시대까지, 불교를 통제했던 조선 시대에도 절을 지을 때 기와를 사용했어요.

　삼국 시대에는 불교를 믿기 시작하면서 절을 많이 지었어요. 고구려나 백제와 마찬가지로 신라도 그랬죠. 왼쪽 사진 속 유물들은 각각 신라의 수도 경주에 있는 흥륜사 터와 분황사에서 발견되었어요. 두 절 모두 신라의 왕과 깊은 관련이 있었어요. 흥륜사는 신라에서 처음으로 불교를 공식적으로 인정한 법흥왕 때 공사를 시작한 신라 최초의 절이었고, 분황사는 신라의 첫 번째 여왕인 선덕 여왕이 세웠어요. 수막새 두 점은 절, 신라, 왕이라는 공통점 이외에 또 어떤 공통점을 갖고 있을까요?

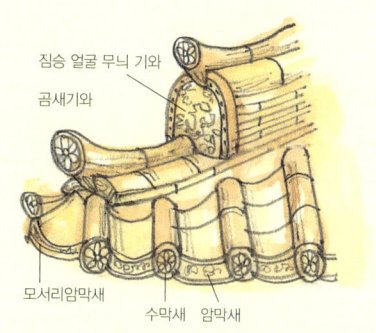

기와의 구조

불교를 통해 왕의 힘을 키우다

흥륜사를 짓기 시작한 법흥왕은 이름 그대로 불법을 흥하게 한 왕이에요. 법흥왕은 불교를 이용해 귀족의 힘을 누르고 왕의 힘을 키우고 싶어 했어요. 왕의 뜻을 알아차린 이차돈이 목숨을 바쳤다는 이야기는 널리 알려져 있죠. 이차돈 순교비에는 당시 상황을 묘사한 글과 그림이 새겨져 있어요. 관리가 이차돈의 목을 베자 목에서 하얀 젖이 솟아나고, 땅이 흔들리고, 하늘에서 꽃비가 내리고, 머리는 멀리 날아갔다고 해요. 신라의 귀족들은 자기 충신까지 죽인 법

이차돈 순교비(국립경주박물관)

흥왕 앞에서 숨죽였고, 법흥왕은 이때를 놓치지 않고 불교를 공식적으로 인정하고 신성한 숲에 흥륜사를 짓기 시작한 거죠.

법흥왕 다음 왕들도 왕의 힘을 키우는 데 불교를 적극적으로 이용했어요. 왕족의 이름을 불경에서 빌려 오고 곳곳에 절을 짓고 불상을 만들었어요. 진흥왕은 경주 한복판에 황룡사를 지었는데, 신라를 대표하는 절이 되었죠. 지금은 터만 남았지만 규모를 추측해 보면 입이 다물어지지 않을 정도예요.

불교에 가장 적극적이었던 왕으로 선덕 여왕을 빼놓을 수 없어요. 진평왕의 딸로 왕이 된 선덕 여왕은 여자라는 이유로 왕권이 불안정했어요. 왕권이 안정되지 않으면 정치를 제대로 펼칠 수 없죠. 그 때문에 선덕 여왕은 왕권을 강화하기 위해 여러 가지 노력을 기울였어요. 그런 노력 가운데 하나가 분황사였어요. 분황사는 선덕 여왕이 만든 절로, 신라에서 가장 큰 절인 황룡사 뒤

편에 자리 잡았어요. 전시실의 영상을 보면 지금은 많이 무너져 내린 경주 분황사 모전석탑이 원래 어떤 모습이었는지 잘 보여 주고 있어요. 높고 웅장한 탑의 네 모서리에는 탑을 굳건히 지키는 사자가 있어요. 문 양쪽에 있는 단단한 근육질의 인왕상은 왕권을 위협하는 무리들을 단숨에 제압할 듯 당당해 보여요.

고려 시대 일연 스님이 지은 『삼국유사』에 '지기삼사'라는 선덕 여왕과 관련된 이야기가 나와요. 미리 알아차린 세 가지 이야기라는 뜻이에요. 중국에서 모란꽃 그림을 보내오자 나비가 없는 것을 보고 모란꽃에 향기가 없다는 걸 알았고, 영묘사라는 절에 두꺼비가 나타나자 백제군이 공격할 것을 알았고, 마지막으로 자기가 죽을 날을 미리 알았다는 거예요. 선덕 여왕이 아주 뛰어났다는 것을 알려 주는 이야기처럼 보이지만, 다른 면으로 보면 이렇게 해서라도 왕권을 강화하려는 눈물겨운 노력으로 보여요.

지금까지 살펴본 것처럼 앞에 나온 수막새 두 점에는 불교를 통한 왕권의 강화라는 공통점이 있어요.

전시실 영상 속에 나온 복원된 분황사

분황사(국보 30호)의 현재 모습

사천왕상전과 사리함은 어떤 관계가 있을까?

신라실을 지나 통일신라실로 들어가면 늠름한 군인이 관람객을 맞아요. 화려한 갑옷으로 무장한 이 군인은 부처의 세계를 지키는 사천왕이고, 이 유물은 사천왕상전이라고 불려요. 아래 오른쪽 사진은 3층 금속공예실에 전시된 부처의 사리를 모신 감은사 터 삼층석탑 출토 금동 전각형 사리기라는 유물이죠. 금빛으로 반짝이는 상자 네 면에 사천왕이 당당하게 서서 동서남북을 지키고 있어요. 두 유물은 어떻게 연결될까요?

선덕 여왕이 죽고 무열왕 김춘추가 즉위했어요. 김춘추의 아들 문무왕은 당나라와 힘을 합쳐 백제와 고구려를 무너뜨렸어요. 그러고 났더니 이번에는 당나라가 신라를 집어삼키려고 했죠. 신라는 다시 당나라를 몰아내기 위한 전쟁을 벌였어요. 이때 부처에게 도움을 빌기 위해 사천왕사를 세우고 비밀스러운 의식을 치르자 당나라 군사들이 탄 배가 비바람에 모두 침몰했다고

◀ 부분만 남은 사천왕상전
▲ 감은사 터 삼층석탑 출토 금동 전각형 사리기의 사천왕상(보물 1359호)의 모습

하죠. 전시된 사천왕상전은 사천왕사의 탑 아랫부분을 장식했어요. 왼쪽, 가운데, 오른쪽을 지켜보는 사천왕상 세 개가 한 세트로, 탑의 한 면에 두 세트씩 네 면에 장식되었는데 마치 신라를 빈틈없이 지키려는 것 같아요. 마침내 676년 신라는 금강 하구인 기벌포에서 당나라 군사를 완전히 물리쳤어요.

발굴 당시 탑에 있던 사천왕상전

　문무왕은 왜구로부터 신라를 지키기 위해 동해안에 또 다른 절을 짓기 시작했어요. 하지만 절이 완성되기 전, 용이 되어 나라를 지키겠다는 유언을 남기고 세상을 떠났어요. 신문왕은 아버지의 뜻을 받들어 절을 마저 짓고 아버지의 은혜에 감사한다는 뜻으로 절 이름을 '감은사'라고 지었어요. 금빛으로 반짝이는 사리구는 감은사 터 동·서 삼층석탑 가운데 동쪽 탑에 들어 있었어요.

　어떤 관점으로 유물을 보는가에 따라 관련이 없어 보이는 유물도 연결 고리가 있을 수 있다는 걸 이 전시실의 유물들이 알려 줘요.

동쪽과 서쪽에 탑(경주 감은사 터 동·서 삼층석탑, 국보 112호)이 서 있는 감은사 터의 모습

석굴암은 정말 최고의 유물일까?

통일신라실에 자리를 넓게 차지한 철조불좌상의 모습

154

통일신라실은 다른 전시실과 분위기가 조금 달라요. 전시실 한쪽 넓은 곳에 부처 한 분이 고요하게 앉아 있어요. 근처에 다른 유물은 없고 오직 이 부처뿐이죠. 게다가 무대의 주인공인 듯 다른 곳은 어둡게 하고 오로지 부처에게만 빛을 집중시켰어요. 자연스럽게 '이 전시실을 꾸민 사람이 이 부처를 주인공으로 만들고 싶었구나.'라는 생각이 들어요.

왜 이 부처를 주인공으로 만들려고 했는지 가까이 가서 볼까요? 몸은 전체적으로 검은색에 가까운 갈색이에요. 이름표에는 철불 즉 철로 만든 부처라고 쓰였어요. 처음 만들어졌을 때는 철 위에 눈부신 금이 칠해져 있었을 거예요. 본래 부처는 번쩍거리도록 만들거든요. 얼굴은 둥글고 입가에는 은은한 미소를 띠어요. 귀는 길고 이마 한가운데 구멍이 뚫렸죠. 이 구멍에는 수정 같은 구슬이 끼워져 있었을 거예요. 몸을 감싼 옷 주름은 실제 옷 주름이 접힌 것 같아요. 양팔을 아래로 내렸는데 그만 양손이 사라지고 말았어요.

그런데 이 부처 얼굴, 어디선가 본 듯하지 않나요? 경주 석굴암에 있는 부처가 떠올라요. 쌍둥이처럼 똑같지는 않지만 인상이나 체격, 자세가 꽤나 비슷해요. 이 철 부처는 8, 9세기 무렵에 만들어졌다는데, 석굴암 부처가 만들어진 때 혹은 그보다 약간 늦은 때죠. 이 시기에는 석굴암 부처와 비슷한 불상들이 연이어 만들어졌어요. 겉보기에는 비슷하지만 긴장감이 사라지는 등 여러 가지를 고려해 보면 고려 초에 만들어진 거라는 의견도 있죠. 어쨌든 지금 이 부처가 통일신라실의 주인공이 되었어요.

이 불상 옆 작은 방에서는 경주 석굴암 석굴을 만드는 과정을 영상으로 보여 주고 있어요. 이런 걸 보면 통일신라에서 석굴암이 차지하는 위치가 어느 정도인지 알 수 있겠죠?

석굴암은 어떻게 유명해졌을까?

통일신라의 대표 유물 하면 석굴암을 가장 많이 떠올려요. 우리나라를 대표하는 문화유산에도 빠지지 않고 올라가죠. 문화체육관광부가 선정하는 한국 관광 100선의 단골손님이기도 하고요. 이 전시실을 꾸민 학예사 역시 같은 생각이었을까요? 석굴암 한가운데 있는 부처는 아니지만 비슷하게 생긴 이 철불을 통일신라실의 주인공으로 만들었으니까요.

석굴암은 그 자체로 아름답고 뛰어난 문화유산이에요. 그런데 석굴암은 어떻게 지금처럼 유명해졌을까요? 일제 강점기 때 일본 사람들은 석굴암을 우리나라 미술 역사에서 가장 뛰어난 걸작으로 평가했어요. 반면 우리나라 사람들은 석굴암이 식민 지배를 받는 상황에서 우리 민족의 자부심을

석굴암 석굴(국보 24호)의 중심에 있는 본존불

세워 줄 걸작이라고 생각했어요. 다시 말해, 일본 사람들은 석굴암을 지나간 과거의 영광으로 보려 했다면 우리나라 사람들은 석굴암을 만든 저력이 여전히 살아 있다는 점을 보려 했어요.

해방 이후에도 석굴암은 여전히 찬란한 민족 문화를 상징했어요. "오늘날에도 만들기 힘들 정도로 우수한 기술이 적용된 훌륭한 조각 작품이며, 자랑스러운 세계적 걸작이다."라는 말로 평가되곤 했죠. 그래서 초등학교 교과서 표지에도 석굴암 사진이 실리고 우리나라의 문화와 역사를 다룬 책이라면 꼭 등장하게 되었어요. 게다가 석굴암이 수학여행의 단골 코스로 인기를 얻으면서 석굴암은 곧 걸작이라는 믿음이 널리 퍼졌죠.

그런데 석굴암에 대한 찬사가 높아질수록 "왜?"라는 질문은 점점 던지기 어려워요. "석굴암은 걸작이다."라는 말이 정답처럼 되어 버렸으니까요. 그래서인지 석굴암에 가서 눈으로 직접 석굴암을 봐도 별다른 느낌 없이 지나는 경우가 많아요. 간혹 이런 말을 던지면서요.

"저게 다야?"

너무 유명해서 오히려 제대로 보지 않고 휙 지나가요.

석굴암을 제대로 보려면 어떻게 해야 할까요? 먼저 걸작이라는 고정관념을 내려놓으려고 노력해야 해요. '민족 문화를 상징한다, 통일신라의 걸작이다, 과학적이다, 돌을 떡 주무르듯 만들었다.' 등 읽거나 들은 이야기들을 잠시 접어 두는 거죠. 이건 앞서 글을 쓰거나 말한 사람들의 이야기이지 나의 이야기는 아니거든요. 그리고 자기 눈에 무엇이 보이는지, 솔직하게 어떤 느낌이 드는지 잘 헤아려 봐야 하죠. 이렇게 할 때에야 비로소 석굴암이 진정으로 살아 숨 쉬지 않을까요?

내 눈에는 어떻게 보일까?

국립중앙박물관에는 석굴암만큼 널리 알려진 유물들이 많이 전시되어 있어요. 신라의 금관, 삼국 시대의 반가사유상, 고려의 청자, 조선 백자 달항아리가 대표적이죠. 이 유물들은 오랜 시간 동안 여러 사람들에 의해 우리나라를 대표하는 걸작으로 인정받았어요.

아래 사진을 볼까요? 신라 문화를 대표하는 금관으로, 우리 역사에서 처음 발견된 거예요. 이 금관이 발견된 무덤은 '금관총'이라고 이름 붙였지요. 이후 다섯 개의 금관이 더 발견되면서 신라는 황금의 나라로, 금관은 신라의 대표 유물로 평가받았어요. 금관에는 늘 '화려하게 빛나는'이라는 수식어가 따라다녀요. 그래서인지 신라실 첫 부분에 전시하고 있는 유물도 황남대총에서 나온 금관이에요. 수많은 장식을 달고 금빛으로 반짝이는 금관을 보면 눈이 휘둥그레져요.

신라 금관총 금관 및 금제 관식(국보 87호)

이런 수식어를 잠깐 잊고 금관총 금관을 좀 더 자세히 볼까요? 금관 테두리에 빈 구멍이 보이는데, 이 구멍은 잘못 뚫은 것으로 보여요. 세움 장식도 똑바로 자르지 못했죠. 그러고 보니 완벽해 보이던 금관이 조금 다르게 보이지 않나요? 아무래도 금관을 급하게 만들었거나 혹은 이렇게 만들어도 별 문제가 없었던 것 같아요. 화려하다는 말을 잊고 내 눈으로 보면 보이지 않던 점이 보여요.

오른쪽 유물은 달항아리로, 조선을 대표하는 백자예요. 조선 후기에 많이 제작되었는데 당시에는 어떻게 사용되었는지, 어떤 평

백자 달항아리

가를 받았는지 확실히 알 수 없어요. 달항아리가 우리나라를 대표하는 유물로 떠오른 건 미술사학자 최순우 선생과 화가 김환기 선생 덕분이에요. 최순우 선생은 달항아리를 보며 "부잣집 맏며느리 같은 흐뭇함이 있다."고 했어요. 달항아리를 그림 소재로 삼았던 김환기 선생은 "나는 아직 우리 항아리의 결점을 보지 못했다. 둥글다 해서 다 같지가 않다. 모두 흰 빛깔이다. 그 흰 빛깔이 모두가 다르다."고 감탄했어요. 이 글을 읽으면 '그래서 달항아리가 걸작이구나.' 하고 고개를 끄덕이게 되죠.

그런데 사실 달항아리는 크게 만들려고 하다 보니 위쪽과 아래쪽을 따로 만든 뒤 이어 붙일 수밖에 없었어요. 그래서 구울 때 일그러졌고 당연히 좌우대칭이 될 수 없었죠. 이 점을 중국과 일본에서는 찾아볼 수 없는 우리나라의 자연스러운 아름다움이라고 힘주어 말하곤 해요. 어떤 사람들은 달항아리의 큰 덩치에서 당당함을 느끼고, 일그러진 선에서 넉넉함을 느낀다고 하죠. 만약 이런 평가를 접고 내 눈으로 직접 본 달항아리를 한 줄로 평을 한다면 뭐라고 쓰고 싶나요?

19 발해실 - 전시실 활용하기

낯선 발해와 친해지는 방법은?

발해실 한가운데를 차지하고 있는 발해의 대표 유물인 치미와 용머리상

"여기 전시된 유물은 왜 진짜가 아닐까?"

"진짜는 어디 있는데요?"

"에이, 진짜가 아닌 걸 왜 봐요?"

삼국 시대를 뒤이은 남북국 시대는 한반도 남쪽에 통일신라, 한반도 북쪽과 중국과 러시아 일부에 발해가 자리 잡았던 때를 말해요. 예전에는 이때를 통일신라 시대로 불렀어요. 그만큼 신라의 역사를 중요하게 여겼고 발해는 본책에 딸린 별책 부록 정도로 취급되었어요. 그러다가 발해를 새롭게 보게 되면서 당당한 우리의 역사인 발해를 소홀하게 대접하면 안 된다고 여긴 거예요. 그래서 이 시대를 남북국 시대라고 바꿔 부르는 경우가 많아졌어요.

발해실에 들어서면 전시실 한가운데 놓인 커다란 유물에 먼저 눈길이 가요. 전시실 한가운데 한눈에 보이도록 전시한 걸 보면 발해를 대표할 정도로 중요한 것이겠죠. 이 유물은 건물 지붕 끝에 달린 '치미'라는 장식과 '용머리상'이에요. 특히 용머리상은 발해의 궁궐이었던 상경성의 궁궐터에서 발견되었는데, 건물의 터 위에 쌓는 기단을 장식했어요. 눈은 부리부리하고 코는 주먹코 같아서 무섭다기보다 재미있게 보여요. 그런데 치미와 용머리상을 찬찬히 보면 뭔가 낯설어요. 발해의 유물을 많이 보지 않아서이기도 하지만 이름표를 보면 이유를 확실하게 알 수 있어요.

'복제품!' 진짜 유물이 아니라 진짜를 본떠 만들었다는 뜻이죠. 진짜 유물은 일본의 한 대학에 있어요. 대표 유물을 복제품으로 전시한 건 그만큼 우리나라에 발해를 대표할 만한 유물이 적다는 뜻이에요.

그럼 진열장은 어떨까요? 통일신라실에 견주면 많이 부족하다는 느낌이 들어요. 중국이 발해를 '동쪽의 번성한 나라'라고 부를 정도라면 문화 수준이 상당히 높았을 텐데 말이죠. 단지 전시된 유물뿐만이 아니에요. 통일신라에 비해 발해의 역사에 대해 아는 것이 별로 없어요. 남북국 시대라고 부르지만 정작 발해는 왜 낯설게 다가올까요?

발해가 낯선 까닭

발해의 영토를 표시한 지도를 보면 발해는 북한, 중국, 러시아에 걸쳐 있고 특히 중국이 많은 부분을 차지해요. 지금 우리나라는 대부분 통일신라의 영토였죠. 그래서 우리나라에서 발해의 유물을 찾기 힘들고 발해를 떠올릴 만한 역사적 장소 또한 가 보기 힘들어요. 우리나라 역사에서 이런 경우는 많지 않아요. 눈에 보이지 않다 보니 덩달아 관심이 적을 수밖에 없어 발해가 우리나라 역사라는 건 잘 알면서도 정작 마음에는 크게 와 닿지 않아요.

발해가 있던 지역의 세 나라는 각각 발해가 자신의 역사라고 주장해요. 북한은 발해를 '고구려를 계승한 나라'라고 높이 평가하죠. 중국과 러시아는 자기 나라 안에 발해가 있었기 때문에 자기 나라의 역사라고 주장하고 있고요. 그 가운데서도 중국이 가장 집요해요. 우리나라도 당연히 우리나라의 역사로 받아들여요. 발해의 역사를 제대로 알기 위해서는 여러 나라가 공정하게 연구를 하고 서로 도움을 주고받아야 하는데 지금은 자기들 입맛대로 바꾸어 버릴 가능성이 커요.

우리나라도 사실 발해의 역사에 관심을 기울인지는 그리 오래되지 않았어요. 조선 후기에 들어서야 발해를 우리나라의 역사로 봐야 한다는 주장이 나왔어요. 그래서인지 지금까지 발해를 연구한 성과는 많지 않아요. 발해를 신비의 나라라고 말하기도 하는데, 다른 말로 하면 발해에 대해 아는 게 많지 않다는 뜻이기도 해요.

발해는 우리나라 역사에 있던 여러 나라와 구별되는 큰 특징이 있어요. 고구려 유민과 말갈족으로 구성된 다민족 국가라는 점이에요. 다민족 국가는 우리나라 역사에서 다소 낯설어요. 여러 민족이 같이 나라를 만들고 운영했다는 자체가 실감이 나지 않죠. 최근에 외국인들이 우리나라에 많이 살면서 바뀌고 있지만 얼마 전까지만 해도 우리나라는 외국인을 그저 손님처럼 바라봤어요. 그만큼 외국인이나 다른 민족을 낯선 사람으로 받아들였죠. 발해는 고구려 유민뿐만 아니라 말갈족도 중요한 역할을 했기 때문에 발해의 역사를 살펴볼 때 다민족 국가였다는 점을 잊지 말아야 해요.

21세기의 국경과 함께 표시된 발해의 영토

발해와 친해지는 방법

발해와 친해질 수 있는 방법은 바로 전시실에 있어요. 벽에 있는 지도와 연표를 활용해 발해의 위치와 역사를 좀 더 자세히 알아보는 거죠. 발해의 영토는 통일신라에 비해 무척 넓어요. 상경, 동경, 중경, 서경, 남경 등 다섯 수도를 두었는데, 수도마다 독특한 기능을 담당했어요. 발해는 각 부족의 자율권을 인정하며 부족장을 통해 간접적으로 통치하는 방법으로 나라를 이끌어 나갔어요. 지도에서는 동북쪽에 따로 말갈이라고 표시되어 있지만, 발해의 영역 안에서도 여러 말갈족들이 자리를 잡고 살았어요. 말갈족도 발해를 이끌어 나간 중심 세력 중 하나였죠. 말갈족은 후에 여진족으로, 만주족으로 이름을 바꾸었어요.

지도 옆으로 발해의 중요한 역사를 간단히 정리한 연표가 보여요. 발해의

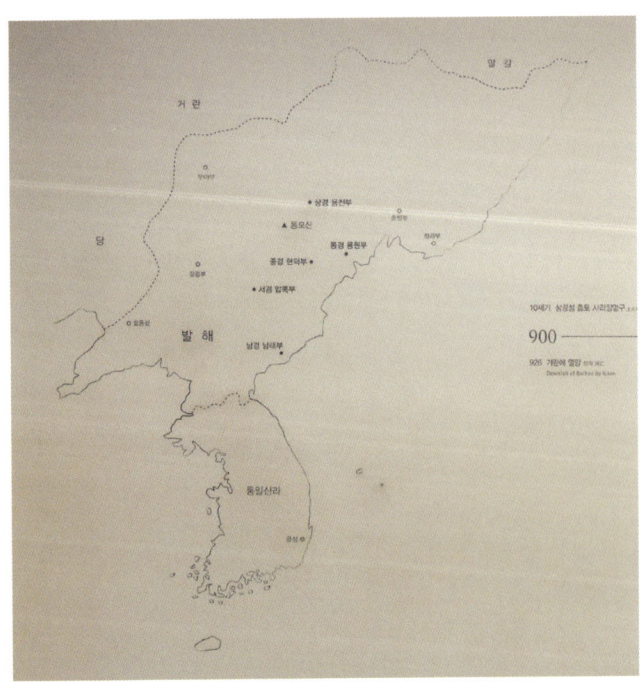

전시실의 발해 지도

지금 이곳이 다 우리 땅이라면!

역사는 698년 대조영의 건국으로 시작해 926년 거란에 의해 멸망하면서 끝났어요. 통일신라가 있던 시기와 대략 비슷해요. 발해는 중국을 비롯한 주변 여러 나라들과 활발하게 교류를 했어요. 중국으로 가는 길인 영주도와 조공도, 신라로 가는 길인 신라도, 일본으로 가는 길인 일본도, 거란으로 가는 길인 거란도가 널리 알려졌어요.

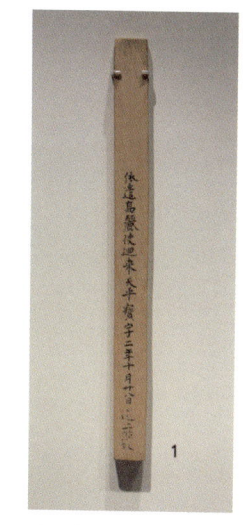

견고려사 목간(복제품)

이제는 진열장으로 가 볼까요? 먼저 '견고려사'라는 목간을 찾아봐요. 기다란 나무에 "고려(발해)에 파견된 사절이 사명을 완수하고 귀국하였으므로 덴표호지 2년(758) 10월 28일에 위계를 두 개 올린다."고 기록되었어요. 이 목간은 일본에서 발견된 것으로 일본이 발해를 고려라고 부른 가장 오래된 유물이라고 해요. 중국이나 러시아가 발해를 자기네 역사라고 하는 주장을 반박하는 중요한 자료죠. 그 때문에 일본에 소장된 유물이지만 복제해서 전시했어요.

오른쪽 사진 속 물고기 모양으로 생긴 유물은 크기는 작지만 흥미로운 물건이에요. '청동 물고기모양 부절'이죠. 부절이란 일종의 신분증으로, 두 개를 똑같이 만들

청동 물고기모양 부절(복제품)

어 하나는 조정에 보관하고 하나는 지방 관리가 가졌다고 해요. 사진 속 부절의 주인은 좌효위장군 섭리계라는 사람이에요. 섭리계는 말갈족 사람으로, 이 유물은 말갈족이 발해를 이끌어 나간 민족 가운데 하나였다는 걸 알려 줘요.

발해의 역사를 찾는 사람들

아래 사진은 러시아 핫산 지구에 있는 크라스키노 발해성에 있는 유적이에요. 우리나라가 러시아와 함께 발굴하는 중이에요. 지금은 러시아 땅인 이곳은 발해의 62개 주 가운데 하나인 염주의 중심지였어요. 우리나라가 나서서 발해 유적을 발굴하고 싶어도 북한이나 중국에 요구하기는 어렵고 그나마 러시아에서는 발굴이 가능해요. 특히 이곳은 발해가 신라, 일본과 교류했던 중심지라고 알려져 있어 우리나라로서는 더 중요하죠. 우리나라 발굴단이 직접 발굴에 참여하면 발해에 대해 더 많은 걸 알 수 있어요. 발해에 관련된 기록이 아주 적은 형편이어서 발굴을 통해 자료를 찾는 일이 무척 중요해요.

2015년 발굴에서 얻은 성과를 볼까요? 사진 속의 구덩이에서 편병 즉 한쪽이 납작하게 눌린 병을 발견했어요. 이 병은 장보고가 활약한 청해진에서 발견된 것과 크기와 모양이 같아요. 발해가 신라 청해진과 교류를 했다는 증거죠. 작은 청동 낙타상은 발해의 유물 가운데 처음 발견된 낙타상이에요. 등에 봉우

편병

청동 낙타상

공동 저장 시설이 있었음을 보여 주는 발해 염주성 저장 구덩이

리 두 개가 솟은 쌍봉낙타로, 발해가 중국 서쪽 지역의 먼 나라들과 교류했다는 사실을 알려 줘요. 역사의 현장으로 직접 가서 발굴하고 조사하는 사람들 덕분에 발해의 역사는 앞으로 더 풍부해질 거예요.

한편 발해의 역사를 되살리기 위해 온몸을 던진 사람들도 있어요. 발해 뗏목 탐사대가 그들이에요. 1997년 12월 31일, 러시아 블라디보스토크에서 우리나라 사람 네 명이 탄 뗏목 '발해 1300호'가 항해를 떠났어요. 겨울에 발해와 일본이 교류한 항로를 직접 확인하기 위해서였어요. 그러나 러시아를 떠나 24일간 항해를 하다 기상 악화로 뗏목이 뒤집히면서 안타깝게도 모두 목숨을 잃고 말았어요.

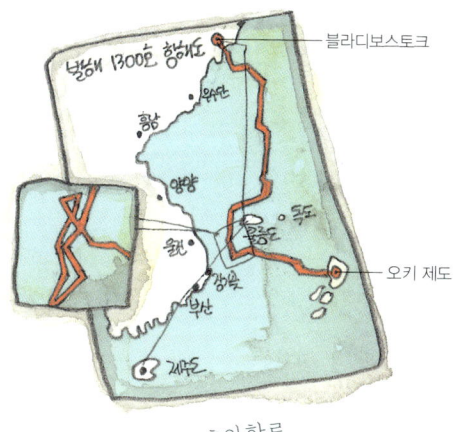

발해 1300호의 항로

"미래와 현재의 공존과 조화, 바다를 통한 인류의 평화 모색, 청년에게 꿈과 지혜를 주고 싶다. 탐험 정신, 발해의 정신."

뗏목 탐사대의 장철수 대장이 악천우 속에서 구조를 기다리며 남긴 마지막 기록이에요.

뗏목 탐사대의 사고 소식을 들은 산악인 방의천 씨도 도전하겠다고 마음먹었어요. "만주와 연해주를 아우르고 동해 바다를 통해 일본과 교역했던 뛰어난 해양국(발해)을 눈앞에 펼쳐 보이다."는 각오로 2차 탐사대를 만들었죠. 2005년, 발해와 일본 간 교역 항로를 찾기 위해 뗏목선 '발해 2005호'가 러시아 포시에트항을 떠났어요. 이들도 아쉽게 조난을 당하고 말았지만 다행히 대원들은 모두 무사히 구조되었어요.

3부

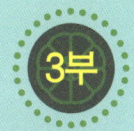

국립중앙박물관 중·근세관

지금은 갈 수 없는 개성에 도읍을 삼았던 고려 시대부터
신문물이 쏟아지던 대한 제국 시기까지의
유물들을 전시한 전시관이에요.

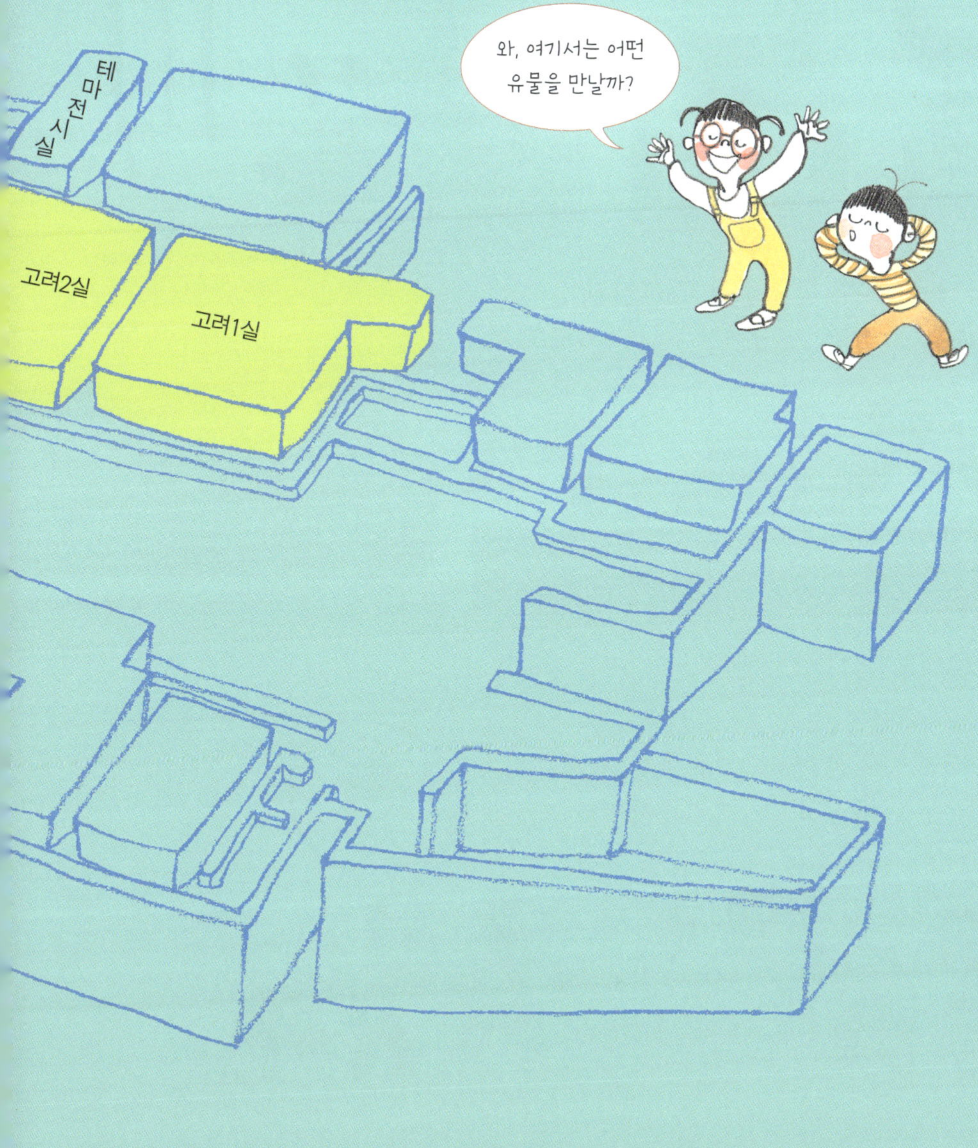

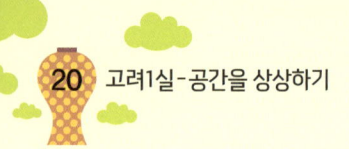

20 고려1실 - 공간을 상상하기

지도와 유물로 개성 여행하기

개성 만월대에서 나온 유물들을 모아 놓은 진열장

170

발해실을 지나면 중·근세관이 시작되면서 고려실이 나와요. 고려는 918년 왕건이 세운 나라로, 936년 후삼국을 통일했어요. 그전에 발해가 거란에 멸망하면서 발해 사람들이 고려로 오기도 했어요. 고려의 수도는 지금은 북한 땅인 개성(고려 시대 때 이름은 개경)이었어요. 개성은 왕건 집안이 대대로 자리를 잡은 곳으로, 왕건의 집안은 무역으로 돈을 많이 벌었어요. 왕건이 개성에 수도를 정한 건 자연스러운 일이었죠.

고려실에 들어서면 가장 먼저 고려청자가 보여요. 청자로 고려를 맛본 뒤 본격적으로 고려실이 시작되죠. 첫 진열장에는 어떤 유물이 전시되어 있을까요? 왼쪽에는 지붕을 덮는 기와들이 보여요. 암막새와 수막새, 동물모양 기와, 심지어 청자로 만든 기와까지 다양해요. 오른쪽 위에는 쇠못과 집을 장식할 때 사용한 장식품들이 걸렸고, 아래에는 꽃무늬가 들어간 전돌이 세 단으로 쌓였어요. 이 유물들의 공통점은 건물에 사용되었다는 점이에요.

이 유물들은 청자 기와를 빼면 모두 개성 만월대에서 발견되었어요. 만월대는 조선 시대 때 개성에 남아 있던 고려의 궁궐터를 일컫던 말이에요. 그러니까 전시된 유물은 모두 고려의 궁궐에서 사용된 것들이죠. 청자 기와는 전라남도 강진의 청자를 굽던 곳에서 발견되었지만, 제작 당시 문제가 없었다면 개성으로 가져가 궁궐 건물 지붕을 덮는 데 사용되었을 거예요.

만월대가 있던 개성은 어떤 모습이었을까요? "궁궐과 관청, 태묘와 사직단, 사찰 등이 세워졌고 남대가와 십자가를 중심으로 주요 도로망이 만들어졌으며, 5부 35방 344리의 행정 구역이 편제되었다."라고 설명글에 적혀 있어요. 이것만으로는 개성의 모습이 구체적으로 그려지지 않아요. 직접 가 보면 좋을 텐데 지금은 북한에 있어서 불가능하죠. 다른 방법이 없을까요?

평화 전망대 가기

우리나라에서 개성을 가까이 볼 수 있는 곳은 강화도 평화 전망대예요. 김정호가 만든 대동여지도와 전망대에서 본 풍경을 비교해 볼까요? 평화 전망대는 대동여지도에서 찾아보면 철곶돈대 근처예요. 아래 사진 왼쪽 끝부분 살짝 들어간 곳이 예성강이에요. 대동여지도에서는 강이 잘 보이죠. 예성강은 고려의 역사에서 무척 중요한 강이에요. 왕건 집안은 예성강을 이용해 해상 무역을 펼쳤거든요. 고려 왕실은 상업의 중요성을 잘 알았고, 고려 후기의 어느 왕은 직접 장사에 나설 정도였어요.

예성강에 있던 고려의 무역 중심지를 찾아가 봐요. 대동여지도를 보면, 예성강을 조금 거슬러 올라가면 벽란도가 나오죠. 그런데 섬이 아니네요. 벽란도의 '도'는 나루터를 뜻해요. 벽란도에서 동쪽으로 조금만 가면 개성에 닿아요. 개성은 고려 시대 때 가장 많은 사람이 살았고, 가장 돈이 많은 곳이었어요. 개성의 관문 벽란도는 국제 무역항이자 가장 큰 항구였죠. 전국에서 물자가 올라왔고, 외국에서도 물자와 사람들이 왔어요. 이때 찾아온 아라비아 상인을 통해 우리나라의 영어 이름인 KOREA(코리아)가 널리 알려졌다고 해요.

평화 전망대에서 바라본 개성 근처의 북한 땅

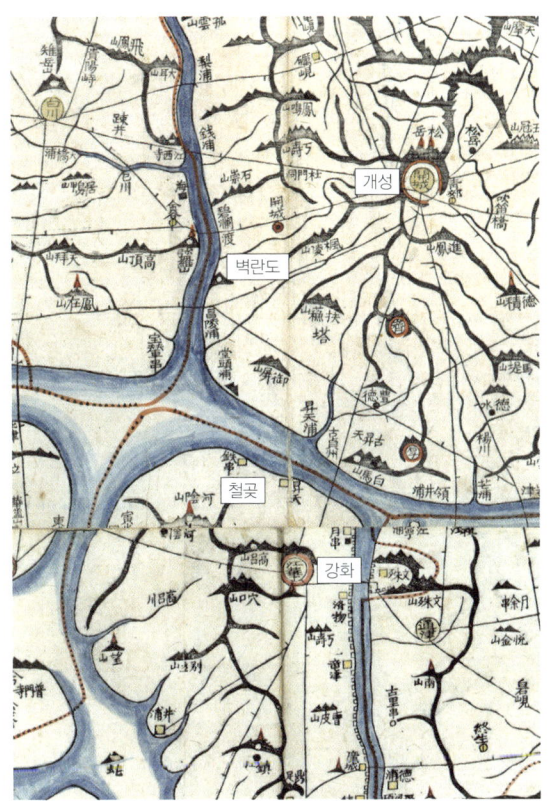

대동여지도의 개성과 강화(동그라미 속은 철곶돈대)

「황비창천」이 새겨진 항해도무늬 거울

해상 무역에서 가장 두려운 건 배가 침몰하는 거겠죠. 위 거울은 '밝게 빛나며 크고 창성한 하늘'이란 뜻의 「황비창천」이 새겨진 항해도무늬 거울이에요. 항해하는 배 근처에 용과 거대한 물고기가 나타나 안전한 항해를 방해하고 있죠. 위험이 도사린 바다에 나갈 때 이 거울을 배에 걸어 안전을 기원하거나, 바다에서 위급한 일을 만나 제사를 지낼 때 사용한 것으로 보여요. 잔잔한 바다이지만 언제 어떻게 변할지 모르는 상황에서 이 거울은 부적 같았을 거예요.

왼쪽 사진 가장 오른쪽에 솟은 산은 개성의 뒷산인 송악산이에요. 개성은 평화 전망대 동북쪽 방향으로 직선거리로 17킬로미터밖에 떨어져 있지 않아, 날이 맑으면 송악산이 보이죠. 개성 사람들은 전쟁이 일어나거나 가뭄이 들면 송악산에서 제사를 지냈다고 해요. 개성이 조금은 가깝게 느껴지나요?

지도를 들고 고려 여행하기

이제 본격적으로 개성으로 들어가 볼까요? 이번에는 조선 후기에 그려진 개성 지도인 '개성부 지도'를 이용할 거예요. 먼저 개성의 랜드 마크인 송악산이 개성 북쪽에 우뚝 솟았어요. 개성 사람들은 이 산을 여인이 가슴에 두 손을 올려놓은 모습이라고 했다는데 그렇게 보이나요? 송악산을 중심으로 산과 산을 둥그렇게 연결한 성이 개성을 감쌌어요. 그 안을 다시 둥그렇게 두른 성은 조선 초기에 만든 성이죠. 고려 당시 개성에는 사람이 얼마나 살았을까요?

개성부 지도(서울대 규장각)

◀ 우리나라 역사학자와 북한 역사학자가 함께 참여한 고려 궁궐 발굴
▲ 고려 궁궐 복원 영상

정확히는 모르지만 1232년 무렵에 대략 30만 명에서 많게는 50만 명 정도가 살지 않았을까 추정해요.

개성 안에서 가장 눈여겨봐야 할 곳은 궁궐이었던 만월대(滿月臺)예요. 이곳이 바로 고려의 정치가 이루어지던 주 무대였죠. 지도에서 송악산 아래 계단 그림이 있는 곳으로, 조선 시대에는 터만 남았어요. 앞장 사진에 나온 진열장에 전시된 유물이 발견된 곳으로, 여러 차례 발굴을 통해 궁궐의 진면목을 밝혀 냈어요. 궁궐 복원 영상을 보면 규모가 무척 크고 화려했다는 걸 알 수 있어요.

고려 궁궐에서 열린 여러 행사 가운데 가장 중요한 건 팔관회였어요. 팔관회는 왕을 중심으로 한 전국민 단합 대회였어요. 이 행사에는 중앙 관리와 지방의 관리가 모두 모일 뿐만 아니라 외국 사람들도 자기 나라를 대표해 참석했어요. 일반 백성들도 축제를 즐길 수 있도록 했죠. 왕은 궁궐을 무대로 삼은 이 행사를 이용해 국내외에 자기의 권위를 한껏 뽐냈어요.

175

강세황이 그린 《송도기행첩》 중 〈송도 전경〉

　위 그림은 남대문에서 바라본 시내 풍경을 그린 것으로, 큰 길 좌우로 집들이 빽빽하게 들어섰죠. 바로 이곳이 개성 제일의 번화가였어요. 조선 시대 화가 강세황이 그린 그림으로, 고려 시대에도 이 길에는 가게와 집들이 몰려 있었고, 많은 사람과 다양한 물자로 북적거렸죠. 왕이 죽으면 며칠씩 시장을 닫았고, 때로는 절에서 미음을 나눠 주는 행사를 열었어요. 수십만 명을 먹여 살리기 위해 곳곳에 시장이 열렸는데 화장을 하거나 음식을 하는 데 필요한 기름을 거래하던 기름 시장도 있었어요.

　개성 사람들의 삶은 어땠을까요? 개성은 지도에서 보이는 것처럼 큰 물줄기가 적어서 여러 곳에 우물을 팠어요. 물이 넉넉한 편은 아니었지만 목욕은 열심히 했나 봐요. 고려에 왔던 송나라 사신은 "고려 사람은 매일 아침 목욕을 하는데, 남녀 구분 없이 계곡에 모인다." 그러고는 "고려 사람들은 중국 사람들이 잘 씻지 않는다고 비웃었다."고 했어요. 과장된 면도 있겠지만 고려는 생각보다 개방적이었던 것 같아요.

이번에는 역사의 현장으로 가 볼까요? 개성 하면 떠오르는 유적이 선죽교예요. 개성부 지도에서도 선죽교를 빼놓지 않았어요. 개성 동쪽 개천 위에 선죽교가 보여요. 이곳은 고려 말 정몽주가 훗날 조선의 태종이 된 이방원이 보낸 사람들에 의해 죽은 곳으로 알려졌어요. 사실 정몽주는 선죽교에서 죽지 않았다

『삼강행실도』 중 〈몽주 운명〉

고 하죠. 선죽교에서 죽었다는 건 나중에 만들어진 이야기이지만, 사실 여부와 관계없이 선죽교는 충성을 상징하는 곳으로 알려졌어요.

이번에는 서쪽 성 밖으로 눈을 돌려 봐요. 서쪽 성문인 오정문(午正門)을 지나면 위쪽으로 만수산(萬壽山)이 나와요. 어디에서 많이 들어본 이름이죠? "이런들 어떠하며 저런들 어떠하리 / 만수산 드렁칡이 얽혀진들 어떠하리 / 우리도 이같이 얽혀 백 년까지 누리고저" 하고 이방원이 정몽주를 자기 편으로 만들기 위해 지은 시조에 나오는 바로 그 산이에요.

개성은 수도로 영광을 누리기도 했지만, 그렇기 때문에 외적이 공격했을 때 주요한 공격 목표가 되기도 했어요. 1010년 거란이 침입했을 때, 몽골이 여러 차례 침입했을 때, 1361년 홍건적이 침입했을 때가 그랬죠. 그 뒤 서울(한양)이 조선의 수도가 되면서 개성의 영광과 아픔은 역사 속으로 사라졌어요.

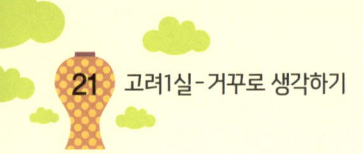

21 고려1실 - 거꾸로 생각하기

고려청자는 누가 만들고 누가 썼을까?

고려1실에서 가장 먼저 보이는 청자 진열장

고려1실에는 청자가 엄청 많이 전시되어 있어요. 전시실에서 가장 먼저 보이는 진열장부터 시작해 곳곳에서 다양한 청자를 만날 수 있어요. 화장품 그릇, 술병, 술잔, 심지어 장구와 요강까지 없는 게 없어요. 이 가운데에는 시가 쓰인 청자도 있어요.

> 푸르고 아름다운 술병에 금꽃을 아로새기니
> 호사로운 집안에서 이 술병 좋아했네
> 풍류를 즐긴 하지장이 기분 좋을 때
> 늦은 봄 호숫가에서 이 병을 안고 실컷 취했으리

시를 읽고 있으면 술을 먹고 기분 좋게 취한 누군가가 보이는 것 같아요. 멋진 시가 있는 이 청자 술병으로 술을 따라 마신 사람은 아마 고려의 왕족이나 귀족이었겠죠. 그들은 술병뿐만 아니라 여러 종류의 청자를 생활에 사용했어요. 특히 왕족이나 귀족의 생활 무대였던 고려의 수도 개성에서 뛰어난 고려청자들이 많이 발견되었어요. 고려가 탄생한 지 얼마 지나지 않아 만들어지기 시작한 고려청자는 고려의 역사와 운명을 같이했어요. 그래서 고려청자는 화려한 귀족 문화를 대표한다고도 말해요.

고려청자를 말할 때 귀족과 개성을 중심으로 말하는 건 어디까지나 고려청자를 사용한 사람들 입장에서예요. 그럼 고려청자를 만든 사람들 즉 생산자 입장에서 고려청자를 보면 어떤 이야기를 만날 수 있을까요?

시기 새겨진 청자 연꽃 넝쿨무늬 조롱박모양 병

누가 만들었을까?

전시실에 있는 '소'에 대한 설명글을 읽어 볼까요? "고려 시대 때 소는 원료 공급에 유리한 지역을 중심으로 형성되었고, 그에 따라 도자기를 만드는 자기소…….".라고 설명하고 있어요.

이 글에 따르면 귀족들이 사용하던 고려청자는 도자기를 굽던 특수 행정 구역인 자기소라는 곳에서 만들어졌다는 거예요. 그 증거로 청자를 만든 전라남도 강진에 있던 자기소인 '대구소'에서 나온 연꽃이 새겨진 청자잔을 전시했어요. 대구소는 도자기를 구울 때 필요한 소나무도 많고 바닷가여서 물건을 쉽게 나를 수 있었어요. 대구소에서는 아주 뛰어난 청자를 만들었어요.

이곳에서 만들어진 청자는 어디로 갔을까요? 대구소에서 출발한 청자는 서해 뱃길을 따라 개성으로 갔어요. 그런데 개성으로 가는 뱃길에는 늘 위험이 도사렸어요. 특히 태안 앞바다는 배가 종종 침몰하는 곳으로 악명이 높았죠. 수만 점의 청자를 싣고 가다 침몰한 배가 오랫동안 바닷속에 가라앉았다

▲ 소에서 만든 유물이 전시된 진열장(철 관련 유물은 국립청주박물관 소장)
▶ 강진에서 개성까지의 뱃길

우연치 않게 세상에 모습을 드러내곤 해요. 우리에게는 보물선이지만 당시 도공들에게는 절망선이었을 거예요.

대구소는 청자를 사용하는 개성과는 여러 가지 면에서 너무 달랐어요. 북적거리며 화려한 개성과 달리 대구소는 한적한 시골 마을이었어요. 소에 사는 사람들은 마음대로 소를 떠날 수 없어서 대대로 눌러 살아야 했어요. 지금이라면 도자기를 만드는 예술가로 인정을 받았겠지만 당시는 천민이나 다름없는 취급을 받았어요. 게다가 직접적인 대가를 받으며 청자를 굽는 것도 아니어서 먹고살기는 쉽지 않았을 거예요. 청자 만드는 일을 하고 싶지 않다고 마음대로 그만둘 수도 없었어요. 힘든 일이었기에 국가에서는 강제로 사는 곳과 하는 일을 제한했던 거예요!

고려 도공들의 꿈은 무엇이었을까요? 고려 시대 때 공주 명학소에서 일어난 망이·망소이의 항쟁을 보면 대구소 사람들의 바람이 무엇이었을지 알 것 같아요. 숯을 생산하는 명학소에 살던 망이·망소이가 주도하여 난을 일으키자 정부에서는 이를 무마시키려고 명학소를 일반 현으로 승격시켜 주었어요. 소에서 현으로 승격되었다는 건 그곳에 사는 사람들에 대한 대접이 바뀌었다는 걸 뜻해요. 지금도 사는 곳에 따라 사람을 차별하는데 옛날에는 지금보다 더욱 심했어요. 청자를 굽던 도공의 꿈은 최고의 작품을 만드는 것이었을까요, 아니면 소에서 벗어나 차별이 적은 곳에서 사는 것이었을까요? 혹시 더 이상 힘들게 청자를 굽지 않는 건 아니었을까요?

이처럼 청자를 볼 때, 나아가 다른 유물을 볼 때도 그것을 사용한 사람뿐만 아니라 그것을 만든 사람, 만든 장소도 함께 떠올려야 유물을 제대로 이해할 수 있어요.

유물을 제대로 평가하는 방법은?

우리나라에서 가장 유명한 청자로 간송미술관이 소장한 '청자 상감운학문 매병'을 꼽을 수 있어요. 너무 유명해 우리나라 역사책에 빠짐없이 등장해요. 아름답고 균형 잡힌 곡선, 원 안과 밖에 가득한 학이 사람들의 눈길을 사로잡아요. 일제 강점기 때 간송 전형필 선생이 일본 사람의 손에 넘어가는 걸 막기 위해 어마어마한 돈을 들여 구입한 이야기도 널리 알려졌어요. 이 작품이 전시될 때마다 사람들은 그 앞에서 눈길을 떼지 못하고 감탄하죠.

"와! 사진 찍자."

그런데 이 청자는 어디에서 나왔을까요? 전하는 말에 따르면 고려 무신 정권의 최고 실력자였던 최우의 무덤에 들어 있었다고 해요. 최우의 무덤에서 나온 것이 아니라 하더라도 최우가 살던 시기에 만들어졌을 가능성이 커요. 무덤의 주인공인 최우는 왕을 능가했던 권력자로, 몽골군이 고려를 공격하자 수도를 강화도로 옮겼어요. 강화도로 수도를 옮긴 뒤에도 몽골군과 적극적으로 싸우거나 백성을 보호하지 않고 자신의 정권을 유지하는 데만 급급했어요. 최우의 부하이자 특수 군대였던 삼별초는 최우의 명령에 따라 움직였죠.

최우는 강화도로 수도를 옮긴 뒤 자기 집을 대궐만큼 크게 짓고 화려하게 꾸몄어요. 그리고 막대한 돈을 들여 잔치를 벌였죠. 자신의 권력이 이 정도라고 눈에 보이도록 자랑했어요. 이때 몽골과의 직접적인 전쟁은 없었지만 몽골의 위협은 사라지지 않은 상황이었어요. 최우가 죽은 지 몇 년 뒤, 몽골군의 공격으로 겪어야 했던 백성들의 삶을 〈고려사〉는 이렇게 기록했어요.

"3월에 여러 도의 고을들이 난리를 겪어 피폐해졌다. 산성과 섬에 들어갔던 여러 도의 사람들을 모두 육지로 나오게 했다. 그때 공산성에 들어갔던 백성 가운데 굶주려 죽은 자가 무척 많았는데, 늙은이와 어린아이로 골짜기를 메울 정도였다. 심지어 아이를 나무에 붙잡아 매어 놓고 가는 자도 있었다."

 최우는 1249년 병으로 죽어 강화도에 묻히는데 이때 이 청자도 같이 묻혔을 가능성이 있어요. 청자에 따라다니는 화려하고 아름답다는 기분 좋은 말 뒤에 숨은, 시대의 속사정을 헤아려 볼 때 유물을 다양하게 평가할 수 있어요. 모든 유물은 그 시대 속에서 태어났으니까요.

이 청자는 정말 많이 봤는데!

구름 사이로 학들이 날아다녀!

세련된 우아함을 뽐내는
청자 상감운학문 매병
(국보 68호, 간송미술관)

청자는 왜 도굴을 많이 당했을까?

오른쪽 아래 사진 속 유물들은 고려 17대 왕 인종의 무덤인 장릉에서 나왔다고 전해요. 선반에 놓인 책처럼 생긴 네모난 돌들은 인종이 죽은 뒤 아들 의종이 아버지를 기려 지은 이름인 '시호'를 지어 올리며 쓴 것으로, '시책'이라고 부르죠. 함, 숟가락과 젓가락, 도장 그리고 고려실에 전시되어 있지 않지만 몇몇 뛰어난 청자도 함께 나왔다고 해요. 그 가운데에서도 도자공예-청자실에 있는 청자 참외모양 병이 가장 유명한데, 간송미술관 소장 청자 상감운학문 매병과 더불어 최고의 청자로 손꼽혀요. 깊고 푸른 색, 균형 잡힌 몸통, 유연하고 탄력적인 선이 감동을 주죠.

그런데 이 진열장에 있는 이름표를 보면 '전 인종 장릉 출토. 1916년 구입'이라는 글이 눈에 뜨여요. '전 인종 장릉 출토'란 무슨 뜻일까요? 인종의 무덤인 장릉에서 나온 것으로 전한다는 뜻이에요. 왜 전한다고 했을까요? 장릉을 정식으로 발굴해 나온 유물이 아니고 도둑들이 이 유물들을 무덤에서 훔쳐 팔았기 때문이죠. 유물 가운데 인종 시책을 제외한 다른 것은 장릉에서 나왔다고 확신할 수 없어서 '인종 장릉' 앞에 '전'이라는 말을 붙인 거예요.

왜 인종의 무덤인 장릉은 도둑질을 당해야 했을까요? 대한 제국 무렵부터 일본 사람들은 우리나라의 미술을 평가하면서 조선의 미술을 낮게 평가한 반면 상대적으로 통일신라의 미술을 가장 뛰어난 미술로, 고려의 미술 가운데 청자를 뛰어난 미술로 평가했어요. 또한 일본 사람들 사이에 차를 마시는 법인 다도가 유행하면서 고려청자에 더욱 관심을 기울였어요.

이러한 분위기를 타고 고려청자에 대한 인기가 높아지자 고려의 왕릉을 비롯해 많은 고려 시대의 무덤들이 도굴을 당했어요. 도굴꾼들이 청자를 일본 사람들에게 팔았고, 또한 일본 사람들이 주도적으로 운영한 왕실 박물관인 제실박물관(일본이 조선을 강점한 이듬해인 1911년 이왕가박물관으로 이름 변경)에서도 고려청자를 많이 구입했어요.

'1916년 구입'은 일본이 조선을 강점한 지 얼마 지나지 않은 1916년에 조선총독부박물관에서 이 유물들을 구입했다는 의미예요. 다행히 유물은 구입을 했지만 정작 어떤 무덤이 장릉인지, 장릉에서 유물들이 어떤 모습으로 있었는지 확인하기 어렵게 되었어요. 만약 유물이 그대로 보존되어 있는 상태에서 제대로 조사했다면 많은 사실을 알아냈을 거예요. 해방 이후에도 고려 무덤은 계속 도굴당하는 수난을 겪었어요.

청자에는 청자를 만들고 쓴 고려의 역사도 있지만, 청자가 무덤을 떠나 박물관까지 오게 된 근대와 현대의 역사까지 포함되어 있어요.

인종 장릉에서 나온 유물을 전시한 진열장

청자 참외모양 병
(국보 94호)

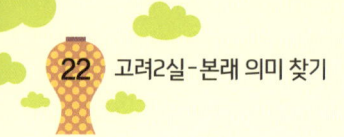

22 고려2실 - 본래 의미 찾기

부처가 절에 가면 어떤 모습일까?

고려2실에 전시된 불교 미술 작품들

이곳을 보면 어떤 종교가 떠오르니?

이곳에 오니까 마음이 경건해지는 것 같아요.

여기에는 부처님이 많아요.

고려1실에 다양한 청자가 전시되어 있다면 고려2실에는 다양한 불교 미술 작품이 전시되어 있어요. 고려는 청자와 불교의 나라였다는 걸 알려 주려는 듯해요. 장식이 화려한 불상, 금방이라도 소리를 낼 것 같은 범종, 징처럼 생긴 금고, 금으로 글씨를 쓴 사경, 가지고 다니는 작은 불상 등 종류도 다양하죠. 삼국이나 통일신라 혹은 발해 전시실에서 볼 수 있는 것보다 종류도 다양하고 수도 많아요. 삼국 시대에 받아들인 불교가 고려 시대에 들어와 활짝 꽃을 피운 듯해요.

이곳에 전시된 작품들은 이 전시실로 오기 전에는 박물관 보물 창고인 수장고에 잠들어 있었을 거예요. 그럼 박물관 수장고에 오기 전에는 어디에 있었을까요? 오랜 시간 동안 어느 절터에 잠들어 있었거나 절에서 전해졌거나 혹은 어느 집안에서 대대로 보관했었겠죠. 그러나 처음 만들어진 고려 시대에는 대부분 어느 절에 있었을 거예요. 지금은 흔적도 없이 사라지거나 쓸쓸하게 터만 남은 절도 있겠지만요.

만약 이 작품들이 절에 계속 있었다면 박물관에서처럼 사람들이 그저 감상만 하고 지나갔을까요? 조금만 생각해 보면 이 작품들은 원래 감상하려고 만들어진 것이 아니라는 걸 눈치챌 수 있어요. 즉 예배를 드리거나 불교 의식을 치르기 위해 만들어진 것이죠. 고려 사람들은 불상 앞에서 두 손 모아 기도를 드리고, 아침저녁으로 범종을 울려 부처의 소리를 온 세상에 전했어요. 불상이 절을 떠나 박물관이라는 전시 공간으로 들어오는 순간 원래 목적은 사라지고 감상과 평가의 대상으로 바뀌었어요.

이제 작품을 진열장에서 꺼내 원래 있던 절에서는 어떤 모습이었는지, 그리고 작품이 어떤 이야기를 전해 주는지 들어 볼까요?

절에서는 어떤 모습이었을까?

절에 가 보면 가장 중요한 건물에 중요하게 여기는 불상을 모셨어요. 불상은 좁게는 부처의 형상을 표현한 것을 말하고, 넓게는 불교의 여러 상을 말해요. 박물관에서는 불상을 감상한다고 하지만 절에서는 예불을 드린다고 해요. 고려 사람들은 불상 앞에서 절을 하며 마음속 이야기를 하거나 부처에게 기원을 드렸겠죠.

불상을 모신 여러 건물과 탑, 범종각 등으로 구성된 절의 모습(개심사)

"우리 가족 늘 건강하게 해 주세요."

부처는 석가모니뿐만 아니라 다른 부처도 많아요. 보살은 깨달음을 얻었지만 부처가 되기를 미루고 사람들을 돕는 분이에요. "나무아미타불 관세음보살!" 할 때 아미타불은 부처이고, 관세음보살은 보살이에요. 오른쪽 가운데 사진에 보이는 불상은 보살이에요.

늘 그렇지는 않지만, 불상의 배에 불경 같은 것을 넣어 두는 전통이 있어요. 그래야 불상이 생명을 얻는다고 믿은 것 같아요. 오른쪽 맨 아래 사진에 나오는 금으로 쓴 경전 역시 불상의 배에서 오랫동안 안전하게 있었을 거예요.

절의 건물 안에는 불상뿐만 아니라 여러 가지 불교 그림이 걸려요. 고려 시대 때 벽에 거는 불교 그림인 고려 불화가 대표적이에요. 지금은 볼 수 없지만 고려실을 개편한 기념으로 잠깐 동안 고려 불화 가운데 〈수월관음도〉를 전시하기도 했어요.

개심사 대웅보전 내부 모습

◀ 화려한 모습의 금동
보살 좌상
▶ 〈수월관음도〉 (보물
1426호, 아모레퍼시픽
미술관)
▼ 묘법연화경
(보물 1138호)

◀ 향완이 그려진 사경, 묘법연화경 권제7
▲ 은으로 화려하게 장식된 청동 은입사 향완
▶ 청동 범종

 금으로 그려진 위 그림은 부처가 여러 사람에게 이야기를 들려주는 장면이에요. 부처 앞 탁자에 놓인 동그란 그릇이 향을 피우는 향완이죠. 법당 안에서 향을 피울 때 사용했어요. 오른쪽 사진에 보이는 작은 종은 법당에서 의식을 치를 때 사용했어요. 종에는 누가 돈을 내서 만들었는지 새겨진 경우가 많은 걸로 보아 사람들이 불교에 많이 의지했다는 걸 알 수 있어요.
 절에서 불상만큼 중요한 신앙의 대상은 탑이에요. 탑은 부처의 무덤을 상

개심사 오층석탑

전시된 사리장엄구

◀◀ 「청녕사년」이 새겨진 동종 (보물 1166호)
◀ 「천흥사」가 새겨진 천흥사 동종 (국보 280호)
▲ 절에서 종을 치는 모습

징하는 것으로, 탑 안에는 사리를 담는 그릇들과 공양물이 들어 있어요. 진짜 부처의 사리나 뼈 대신 여러 가지 그릇 안에 수정이나 유리를 넣었어요. 이 그릇 가운데는 러시아 인형인 마트료시카처럼 그릇 안에 작은 그릇을 포개 넣어 만들어진 것도 많아요. 이 밖에도 탑 안에 작은 탑, 불경, 작은 불상, 거울을 넣기도 했어요.

이 전시실에서 불상과 더불어 눈길을 끄는 작품은 커다란 종이에요. 특히 절에서 쓰는 종을 '범종'이라 부르죠. 「청녕사년」이 새겨진 동종 정도 크기의 종은 법당 안에서 사용했을 것 같아요. 그러나 금속공예실에 전시된 「천흥사」가 새겨진 천흥사 동종 크기라면 건물에 따로 달아서 아침저녁으로 종을 쳤을 거예요.

오른쪽 사진 속 작은 불상은 몸에 지니고 다니던 거예요. 부처가 행복을 전해 주고 위험한 순간에 자신을 지켜 줄 거라고 믿었어요.

호신불

불상의 얼굴은 어떻게 다를까?

고려2실에서는 다양한 얼굴을 만날 수 있어요. 그림으로 정몽주 초상화, 조각상으로 불교의 승려, 보살, 부처가 그들이에요. 이 넷을 언뜻 보면 비슷한 것 같으면서도 어딘지 조금씩 달라요. 어떤 점이 같고 어떤 점이 다를까요?

모두 사람의 얼굴과 몸을 갖고 있어요. 먼저 얼굴을 보죠. 눈과 눈썹을 보면

정몽주 초상

정몽주는 흔히 볼 수 있는 사람처럼 생겼지만 나머지 셋은 동그랗게 휘어진 눈두덩에 가늘게 뜬 눈, 살짝 위로 올라간 눈꼬리를 하고 있어요. 정몽주는 관모를 썼고, 승려는 두건을 썼죠. 반면 보살은 긴 상투를 올렸고, 머리 주위에 관을 썼던 흔적이 남았어요. 부처의 머리는 독특해요. 두 단으로 되었고 머리카락을 소라 같은 작은 돌기로 표현했어요.

정몽주의 귀는 보통 사람의 귀예요. 반면 보살과 부처의 귀는 보통 사람에게서는 볼 수 없을 정도로 크고 길어요. 보살은 귀 끝에 귀걸이를 하고 있지만 부처는 그 자리에 구멍만 있어요. 보살에서 완전히 깨달은 자인 부처가 되면서 귀걸이가 빠져나갔어요. 사람인 정몽주와 승려의 이마 가운데에는 아무것도 없지만, 보살과 부처의 이마에는 하얀 털을 뜻하는 보석이 박혔어요.

옷에 있는 장식도 여러모로 비교되죠. 정몽주와 승려는 옷 위에 별다른 장식을 하지 않았어요. 반면 보살은 깜짝 놀랄 정도로 장식이 많고 화려해요. 목걸이, 팔찌도 모자라 배나 무릎까지 장신구로 감쌌어요. 그러나 부처는 귀걸

이가 사라진 것처럼 일체의 장식을 하지 않았어요. 원래 인도의 귀족에서 기원한 보살은 귀족들처럼 화려하게 장식했어요. 반면 완전한 깨달음을 얻은 부처는 더 이상 화려함으로 자신을 드러낼 이유가 없어요.

손을 볼까요? 승려는 두 손을 모아 합장을 했어요. 보살의 손은 무척 아름다워요. 엄지와 중지를 맞댄 채 오른손은 올리고 왼손은 앞으로 내밀었죠. 부처는 배 아래에서 손을 맞대었어요. 수화처럼 무언가를 뜻하기 위해 만든 손 모습을 '수인'이라고 해요. 불상과 부처의 수인은 사람들을 깨달음의 길로 인도하겠다는 표시죠.

지금까지 본 것처럼 불교에서는 승려, 보살, 부처에 따라 생김새와 차림새를 다르게 표현한답니다.

청동 조사 좌상

금동 보살 좌상

금동 아미타불 좌상

박물관 깊이 보기 6

박물관의 보물 창고, 수장고

박물관에 있는 유물은 전시실에 있는 것이 전부예요?

아니! 전체 소장 유물 가운데 일부분만 전시되고 대부분은 보물 창고에 있어. 박물관에서는 '수장고'라고 부르는데 여기서 유물을 안전하게 보관해. 수장고에 있는 유물들은 전시를 할 때 바깥나들이를 할 수 있어. 중요한 유물은 나들이를 자주 해 사람들에게 뽐내지만 대부분은 평생 이곳에서 못 나간단다.

수장고는 어떻게 만들어졌어요?

수장고에서 유물을 안전하게 보관할 수 있도록 신경을 많이 써. 강한 지진이 일어나도 끄떡없도록 만드는 건 기본이야. 심지어 벽과 벽 사이에는 공간을 만들어 물기가 안으로 들어오지 못하도록 대비했어. 유물도 사람처럼 온도와 습도에 민감해. 그래서 온도와 습도를 늘 일정하게 맞추고 유물을 보관하는 격납장은 습기에 강한 미송나무와 오동나무를 사용했어.

수장고에는 어떤 유물이 들어 있나요?

박물관 수장고에 있는 유물은 무척 다양해. 유물의 재질로만 따져 봐도 돌, 종이, 나무, 흙, 쇠를 비롯해 여러 가지를 꼽을 수 있어. 종류 또한 마찬가지야. 그래서 재질과 종류에 따라 보관 장소가 다르고 보관하는 격납장의 모습도 달라. 이렇게 해야 관리하기 쉽고 적합한 방법으로 보관할 수 있기 때문이지. 만약 여러분이 수장고에 들어가 본다면 어마어마한 규모에 깜짝 놀랄걸. 새로운 유물이 계속 수장고로 들어온다는 사실도 기억하면 좋겠어.

 ### 수장고 유물은 어떻게 전시장에 나가게 되나요?

수장고에 있는 유물 가운데 특별히 신경을 써 전시를 하는 것이 있어. 종이나 비단에 그린 그림들이 대표적이야. 그림은 빛에 손상을 입기 쉬워 전시 기간도 짧고 조명도 어둡게 해. 그래서 같은 진열장 안에서 새로운 그림이 걸린 경우를 종종 볼 수 있어. 그림은 보통 3개월은 전시하고 9개월은 수장고에서 쉬어야 한다고 해.

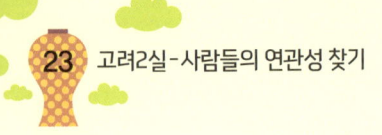

23 고려2실 - 사람들의 연관성 찾기

이 유물들은 어떤 관계일까?

주제별로 유물을 모아 놓은 진열장

기와랑 도자기랑 왜 한꺼번에 전시해 놓았어요?

어! 유물에 글자가 쓰여 있는데요?

이렇게 다양한 유물을 한 진열장에 모아 놓은 이유는 뭘까?

고려는 원나라와 전쟁을 끝낸 뒤 전에 한 번도 경험하지 못한 일을 겪었어요. 원나라가 사람이나 물건을 바치라고 하는 등 이것저것 지나치게 간섭했거든요. 게다가 고려의 왕을 마음대로 세우거나 물러나게까지 했어요.

왼쪽 사진 속 진열장은 이 시기를 다뤘어요. 이 진열장을 담당한 학예사는 이 시기의 어떤 점을 전시 주제로 잡았을까요? 왼쪽과 오른쪽에 걸린 설명글에 답이 있어요. 제목을 읽어 보면 '원의 간섭과 몽골풍의 유행'과 '공민왕의 개혁 정치'예요. 이번에는 제목 아래 설명글을 읽어 볼까요? 고려가 원나라와 전쟁을 끝내고 강화한 뒤 원의 간섭이 심해지면서 백성들의 삶은 더 고달파졌어요. 그러면서 한편으로는 고려에서 원의 풍습이 유행했고, 원나라에서 고려의 풍습이 유행했다고 이 시대를 설명했어요.

'공민왕의 개혁 정치'에서는 공민왕이 개혁을 위해 어떤 일을 했는지 설명했어요. 원나라 옷 대신 고려의 옷을 입었고, 원나라만 믿고 자기 이익만을 꾀하던 세력들을 몰아내고 원에 빼앗겼던 고려의 땅을 다시 찾았어요. 또한 개혁 기구를 만들고 성균관을 적극적으로 활성화시켜 고려에 새로운 기운을 불러 일으켰다고 해요. 이 글들을 읽다 보면 이 진열장의 유물들은 이런 내용에 맞게 전시했을 거라고 짐작할 수 있어요.

그럼 이 진열장에 어떤 유물이 전시되어 있는지 볼까요? 가장 왼쪽부터 차례대로 깨진 기와들, 도자기들, 큼직한 검은 돌판, 깨진 도자기들, 마지막으로 큰 한자 하나가 전시되어 있어요. 유물들 가운데 글자가 들어 있는 것들이 많아요. 깨진 기와, 검은 돌판, 깨진 도자기, 큰 글씨가 그렇죠. 깨져서 멀쩡하지도 않은 유물을 전시하는 걸 보면 글자가 중요한 역할을 하는 것 같아요. 이 글자들은 주제 가운데 어떤 면을 알려 주려고 하는 걸까요?

원 간섭기를 산 사람들

오른쪽 깨진 기와에서 조삼장(趙三藏)이라는 글자가 보이죠? 이 사람은 조인규라는 사람의 자손이에요. 조인규는 특별히 내세울 것 없는 평범한 집안에서 태어났어요. 이런 사람이 고려의 정치를 마음대로 주무르는 재상이 되었는

권문세족 가문에서 시주한 암막새
(국립전주박물관 소장)

데, 어떻게 그럴 수 있었을까요? 당시는 고려의 왕이 원나라로 가고, 원나라의 공주가 고려의 왕비가 되는 때였어요. 그 때문에 원나라의 지배층인 몽골 사람들과 원만하게 지내기 위해서 몽골 말을 잘하는 사람이 꼭 필요했어요. 조인규는 몽골 말을 능통하게 구사한 덕분에 출세를 해서 재상까지 되었고, 자기 가문은 막강한 힘을 발휘했어요.

한편 원나라와 오랜 전쟁을 치르면서 많은 사람이 포로로 끌려갔어요. 전쟁이 끝난 뒤에도 원나라는 고려의 여인들을 강제로 데려갔어요. 이런 여인들을 '공녀'라고 불렀는데, 왼쪽 사진 속 검은 돌판의 주인공 역시 딸을 공녀로 보내야 했던 어머니였죠. 무덤에 묻혀 있던 이 검은 돌판에는 왕족이었는데도 어쩔 수 없이 딸을 공녀로 보내고, 마음의 병을 얻어 앓다가 죽었다는 내용이 새겨졌어요. 공녀는 대부분 궁중의 시녀가 되었고 일부는 몽

수령옹주 묘지명

골 관리의 부인이 되기도 했지만 다시 고향 땅을 밟지 못할 운명이었죠.

반면 원나라에서 고려에 온 몽골 여인도 있었어요. 당시 고려의 왕은 반드시 몽골의 공주와 결혼을 해야 했죠. 공민왕 역시 보탑실리라는 몽골 공주와 결혼을 했어요. 그런데 이전 왕

공민왕비 노국대장 공주의 무덤 이름이 새겨진 청자 조각

들과 달리 공민왕과 보탑실리 공주(죽은 뒤 이름은 노국대장 공주)는 서로 사랑했어요. 그런데 공주가 아이를 낳다 죽음을 맞자 공민왕은 온 힘을 다해 왕비의 무덤을 화려하게 만들었어요. 왕비의 무덤 이름이 바로 위 사진 속 청자에 보이는 '정릉(正陵)'이에요. 공민왕은 무덤 안에 넣거나 제사 때 쓰려고 만든 청자에 정릉이라는 글자를 쓰고, 다른 데에는 쓰지 못하도록 했어요.

아래 사진의 큰 글씨는 공민왕이 쓴 글씨로 전해요. 공민왕이 홍건적의 공격을 받고 멀리 안동으로 피난을 갔을 때 쓴 관청의 현판 글씨라고 해요. 공민왕은 '충(忠)' 자가 들어가는 이전 왕들과 이름이 다르죠. 원 간섭기 때 고려의 왕이 죽으면 원나라에서 '충'자를 넣은 이름을 받았어요. 공민왕은 고려의 힘을 회복해 원나라에서 벗어나기 위해 노력했어요. 공민왕이란 이름은 공민왕이 죽은 뒤 중국에서 원을 물리치고 나라를 세운 명나라에서 받았죠.

글자와 관련된 인물들은 원 간섭기를 살아간 사람들이에요. 이들 중에는 원나라에 의해 피눈물을 흘린 사람도 있고 새로운 고려를 만들려고 노력한 사람도 있었어요.

공민왕이 썼다는 안동 현판 글자 탁본

정몽주와 정도전, 그들은 어떤 사이일까?

아래 사진 속 진열장에 여러 인물의 초상화와 유물이 전시되어 있어요. 왼쪽 그림은 노국대장 공주와 남편 공민왕의 초상화예요. 공민왕은 고려에 성리학이 뿌리내리도록 노력했는데, 그 결과 뛰어난 성리학자들이 등장했어요. 작은 초상화는 성리학자 가운데 한 명인 정몽주예요. 정몽주의 친구이자 성리학자였던 정도전이 지은 책도 함께 전시되어 있어요.

친구였던 정몽주와 정도전은 훗날 죽고 죽이는 원수지간이 되었어요. 처음에는 두 사람의 뜻이 잘 맞았어요. 당시 고려는 힘깨나 쓰는 관리들이 권력을 장악해 마음대로 정치를 했고, 살기 힘들어진 백성들은 노비로 전락하는 등 어려운 삶을 살았죠. 고려의 국교인 불교 역시 부패해 백성들을 도울 생각은 하지 않고 곡식을 꿔 주고 비싼 이자를 받는 등 온갖 방법으로 백성들을 괴롭혔어요. 정몽주와 정도전은 부패한 고려를 바꾸려고 함께 노력했어요.

처음에는 의기투합해 일을 추진했지만, 둘은 점차 생각을 달리했어요. 정몽

정도전의 문집인 『삼봉집』

고려 말 주요 인물들과 관련된 유물을 전시한 진열장

주는 고려를 유지한 상태에서 문제를 해결하려 한 반면, 정도전은 고려는 가망이 없으니 아예 새로운 나라를 세워 새롭게 시작해야 한다고 믿었죠. 둘은 사이가 벌어졌고, 결국 적으로 돌아섰어요. 정도전과 그와 뜻을 같이 한 이성계를 정몽주가 먼저 죽이려고 했으나 성공하지 못했어요. 결국 이성계의 아들 이방원이 정몽주를 죽였는데, 그 뒤에 정도전이 있었어요. 하지만 조선을 건국하는 데 일등 공신이었던 정도전도 무사하지 못했어요. 이방원은 정도전이 이복동생을 세자로 세우자 정도전을 역적으로 몰아 죽였거든요.

이들 진열장 옆으로 백자, 은과 동으로 만들어진 유물들이 전시되어 있어요. 이 유물의 주인공은 이성계예요. 이성계는 조선을 건국하기 1년 전에 이 사리갖춤을 만들어 금강산에 묻고 소원을 빌었죠.

"(이 사리갖춤을) 금강산에 봉안하며 미륵이 세상에 오기를 기다립니다."

미륵이 세상에 온다는 건 새로운 세상이 온다는 뜻으로, 새로운 나라의 건국을 뜻했을 거예요.

금강산 월출봉에서 나온 이성계 발원 사리갖춤

동궐도 재미있게 보기

복도에 전시된 〈동궐도〉 (복제품, 진품은 국보 249-2호로 동아대학교 박물관 소장)

조선실로 들어가는 복도에서 조선의 궁궐인 창덕궁과 창경궁을 그린 〈동궐도〉를 볼 수 있어요. 조선의 정궁인 경복궁 동쪽에 있어서 이 두 궁궐을 '동궐'이라고 불렀죠. 이 그림은 동아대학교 박물관에 소장된 진품을 복제한 거예요. 그림의 크기가 가로 5.78미터, 세로 2.74미터로 한눈에 봐도 어마어마하게 커요. 원래 16권의 첩으로 나누어 그린 것을 병풍으로 만들었어요.

〈동궐도〉는 1820년대 후반에 그려졌다고 해요. 지금으로부터 200년 전 동궐의 모습을 자세하게 알 수 있는 건 다 이 그림 덕분이죠. 〈동궐도〉에는 건물과 정원, 연못의 모습이 정밀하고 섬세하게 표현되어 있어 이 그림만 있으면 다른 곳에 똑같은 궁궐을 지을 수 있을 정도예요. 동궐에 불이 자주 나자 아예 정밀한 그림을 그려 놓고 혹시 불이 나 다시 지을 때 도움을 받으려고 한 것으로 보여요.

한두 사람의 노력만으로 이렇게 크고 정밀한 그림을 그리기 어려워요. 당시 나라에 소속된 전문 화가들인 도화서 화원들이 힘을 합쳐 그렸을 거예요. 선을 긋는 사람, 산과 물을 그리는 사람, 색을 칠하는 사람으로 서로 역할을 나눴던 것으로 보여요. 이들은 정확하게 그리기 위해 궁궐의 구조를 세밀하게 관찰했겠죠.

당시 조선에서 가장 중요한 그림은 바로 〈동궐도〉였을 거예요. 지금 우리는 이 그림을 마음껏 볼 수 있지만 200년 전이라면 어땠을까요? 〈동궐도〉는 궁궐의 모습을 정확하게 그렸기 때문에 아무나 보거나 함부로 밖으로 내보내지 못하도록 궁궐 안에서 특별 관리를 받았겠죠.

이 정도면 〈동궐도〉는 조선을 대표하는 그림이라 할 만하죠. 함께 동궐도 속으로 깊숙이 들어가 볼까요?

〈동궐도〉 보는 법

먼저 〈동궐도〉를 한눈에 볼 수 있을 정도로 멀리 떨어져서 봐요. 그러면 그림의 전체적인 모습이 눈에 들어와요. 그림 어디서부터 눈길을 줄까요? 우리나라의 옛 그림을 보는 방법은 옛 글을 읽는 방법과 비슷해요. 옛 글을 오른쪽에서 왼쪽으로 읽는 것처럼 옛 그림도 오른쪽 위에서 시작해 왼쪽 아래 대각선 방향으로 봐요. 〈동궐도〉도 대각선으로 보는 방식에 맞춰 궁궐의 건물들을 대각선 방향으로 그려 건물의 앞과 옆을 다 볼 수 있도록 했죠. 또 멀다고 작게 그리지 않고 바로 위에서 내려다본 것처럼 그렸어요.

(가) 지역은 창덕궁, (나) 지역은 창경궁, (다) 지역은 후원이에요.

그림을 보면 건물과 건물이 겹겹이 둘러지고 이어져 궁궐을 이루었어요. 산은 궁궐을 팔로 감싸듯 안았어요. 동궐은 왼쪽이 창덕궁(가), 오른쪽이 창경궁(나), 그 뒤쪽은 나무가 무성한 후원(다)으로 이루어졌어요.

좀 가까이 가서 영역별로, 주제별로 나누어서 봐요. 인정전 영역이나 궐에서 행정 업무를 보던 궐내각사 같은 특정한 영역을 중심으로 볼 수도 있고, 혹은 궁궐에 있는 나무를 중심으로 볼 수도 있어요. 혹은 어느 계절을 나타낸 것일까 물음을 던지며 답을 찾을 수도 있죠. 보고 싶고 관심 있는 주제에 따라 눈에 들어오는 부분이 달라져요. 마치 좋아하는 사람이 있으면 수많은 사람 속에도 그 사람만 보이는 것처럼요.

창덕궁이나 창경궁에 가 본 경험이 있다면 자기가 본 곳의 기억을 더듬어 보는 방법도 있어요. 예를 들면 창덕궁의 정문인 돈화문으로 들어가서 오른쪽으로 틀면 금천교가 나오고, 진선문을 지나면 넓은 광장이 나와요. 이곳을 걸어가다 왼쪽으로 꺾어져 인정문을 지나면 웅장한 인정전이 나오죠. 인정전을 보고 오른쪽으로 나가면 왕이 일상적으로 일하던 집무실인 선정전을 만나요. 이런 식으로 그림 여행을 할 수 있어요. 사람은 자기가 경험한 부분이 더 눈에 들어오거든요.

이번에는 다시 처음처럼 멀리서 떨어져서 보세요. 처음에 봤던 느낌과 조금 달라지지 않았나요? 이 그림은 보고 또 봐도 볼 때마다 새로운 것이 눈에 들어와요.

마지막으로 〈동궐도〉를 볼 때 여기 살던 사람들도 함께 떠올려 봐요. 이 그림에는 궁궐에서 살고 일하고 생활했던 사람들이 한 명도 보이지 않지만 마음속으로 사람들이 어떻게 하고 있을지 상상을 하면서 보면 더 재미있어요.

두 장소 비교해 보기

오른쪽 그림과 아래 사진은 같은 장소를 나타내고 있어요. 아래 사진은 최근에 찍은 모습이고, 오른쪽 그림은 〈동궐도〉 속 같은 장소인 동궁 부분을 확대한 거예요. 〈동궐도〉에 왕위를 이을 세자가 활동하던 중희당과 그 뒤에 있는 건물들이 그려진 부분이 지금은 후원과 창경궁으로 넘어가는 길목이 되었어요. 만약 〈동궐도〉가 없었다면 이 길에 원래 뭐가 있었다고 전혀 생각도 하지 못했을 거예요.

〈동궐도〉 속 중희당은 건물 자체도 큰 편이지만 마당도 넓어요. 마당에는 여러 가지 시설들이 늘어섰죠. 가장 왼쪽에 바람의 방향과 세기를 재는 풍기대가 보여요. 긴 막대기 끝에 리본처럼 긴 천이 달렸어요. 마당으로 위쪽으로 올라가면 왼쪽부터 해시계, 밤하늘을 살펴보는 소간의, 비가 내린 양을 재는 측우기가 차례로 늘어섰어요. 이 측우기는 오랜 가뭄 끝에 비가 오자 정조가 이를 기념해서 만들었다고 전해요. 동궁에 과학 기구들을 설치한 건 세자에게 하늘의 뜻을 잘 알고 농사일을 잘 살피라는 뜻이었을 거예요.

중희당을 가장 잘 활용한 사람은 순조의 아들 효명세자였어요. 순조는 건강이 나빠지자 효명세자에게 정치를 맡겼어요. 효명세자는 이곳에서 열정적으로 정치를 펼쳤는데, 큰 인기를 얻었던 '구르미 그린 달빛'이란 사극의 모델이 바로 그예요. 그런데 안타깝게도 정치를 시작한 지 몇 해 지나지 않아 젊은 나이에 아버지보다 먼저 세상을 떠나고 말았어요.

그런데 중희당은 어떻게 사라지

동궁 영역의 현재 모습

세자가 살던 동궁 영역

게 되었을까요? 고종은 중희당을 다른 곳에 옮겨 지으라고 명령을 내렸어요. 그 뒤 이곳은 창덕궁 후원으로 넘어가는 길로 변하고 말았죠. 안타깝게도 지금은 중희당이 어디로 갔는지 아무도 몰라요.

동궐도와 지금의 동궐을 비교하다 보면 재미있는 장면에 놀라곤 해요. 그림 속에 등장하는 나무가 아직도 살아 있는 경우처럼 말이죠. 동궐도는 200년 전 동궐의 모습이지만, 200년 동안 동궐이 어떻게 바뀌었는지 알려 주는 시간의 지도이기도 해요.

〈동궐도〉 속 나무와 지금의 나무

25 15세기실 - 폭넓게 파고들기

왜 책을 이렇게 많이 전시했을까?

읽어야 할 게 너무 많아요.

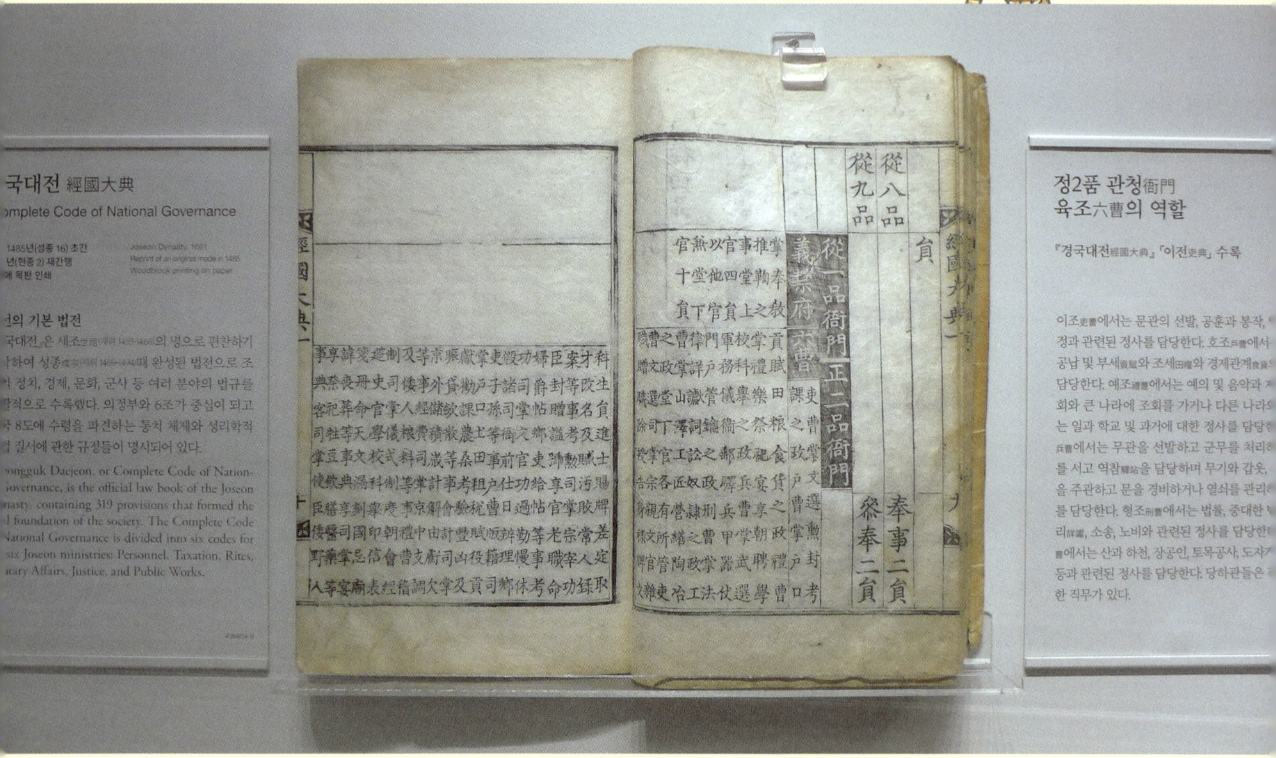

세조 때 편찬을 시작해 성종 때 완성한 조선의 기본 법전 『경국대전』

다 한자로 되어 있어서 하나도 못 읽겠어요!

선생님도 못 읽겠다, 하하!

조선실에 가장 많이 전시된 유물이 뭘까요? 바로 책이에요. 조선의 시작부터 끝까지 곳곳에서 책을 볼 수 있어요. 조선의 시작인 15세기 전시실 역시 여러 가지 책으로 시작했어요. 그 가운데 왼쪽 사진의 책은 조선의 기본 법전인 『경국대전』으로, 조선을 설명할 때면 늘 소개되곤 해요.

　전시실에 책을 눕히지 않고 세워서 전시했어요. 보통 책을 눕혀 전시하는 경우가 많은데 만약 그랬다면 휙 지나치기 쉬웠을 거예요. 조선실을 새롭게 꾸미면서 어떻게 하면 책에 사람들의 눈길을 주게 할 수 있을까 궁리 끝에 나온 방법인 것 같아요. 세워서 전시해 놓았어도 온통 한문으로 쓰여 있어 읽고 싶어도 읽을 수가 없어요. 그래서 책 양옆에 책에 대한 설명과 펼쳐진 부분에 어떤 내용이 들어 있는지 설명했어요. 읽다 보면 "아하! 이 책의 내용은 이렇고, 이래서 전시했구나." 하고 고개를 끄떡이게 되죠.

　이렇게 노력을 기울여 전시했지만 책이 다른 유물보다 눈길이 덜 가는 건 어쩔 수 없어요. 여러분만 그러냐고요? 천만에요! 어른 역시 마찬가지예요.

　옛 책을 지나치게 되는 건 아무래도 대부분 한문으로 되어 있어서 읽기 어렵다는 점 때문이겠죠. 옛날에도 한문을 모르는 사람이 꼭 봐야 할 책에는 그림을 넣었죠. 만약 전시된 책 가운데 지금까지 사람들에게 읽히는 책이 있다면 눈길이 좀 더 갈 텐데 그런 책은 찾아보기 어려워요. 그렇기에 하얀 건 종이고 검은 건 글씨겠거니 하고 지나가죠. 그럼에도 책을 많이 전시한 건 조선 사람들이 책을 많이 만들고 읽었고 책에서 큰 영향을 받았기 때문이랍니다.

　이제 옛 책에 무엇이 담겨 있는지 좀 더 자세히 알아볼까요?

옛 책은 어떻게 생겼을까?

지금 여러분이 읽는 책과 옛 책을 비교해 보면 옛 책의 특징이 잘 보여요. 지금 책은 펼쳤을 때 표지가 왼쪽에 붙은 반면 옛 책은 오른쪽에 붙었어요. 지금 책 표지에는 제목뿐만 아니라 지은이와 출판사 등 여러 내용이 들어가지만 옛 책은 대부분 제목만 있죠. 책 표지는 옛날이나 지금이나 본문 종이보다 두꺼워요. 옛 책 표지는 종이를 여러 번 덧대 두껍고 튼튼하게 만든 다음 치자 물을 들여 쉽게 벌레 먹지 않도록 했어요. 마지막에는 습기에 강하도록 밀랍으로 문질렀어요.

텔레비전에서 사극을 보면 가끔 책을 읽는 장면이 나와요. 그런데 오른쪽부터 책을 읽어 나가는 모습이 조금 낯설어요. 지금과 다르게 옛 책은 오른쪽에서 왼쪽으로 읽죠. 또 글은 가로가 아니라 세로로 쓰여서 위에서 아래로 읽어요. 글자의 크기는 큰 편이어서 어두침침한 불빛에서도 읽을 수 있어요. 반딧불과 눈에 반사된 빛으로 책을 읽었다는 '형설지공'이란 중국 고사성어가

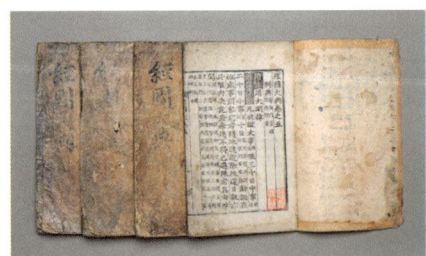
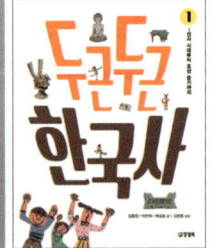

▲▶ 전시된 옛 책 『경국대전』과 요새 만들어진 책

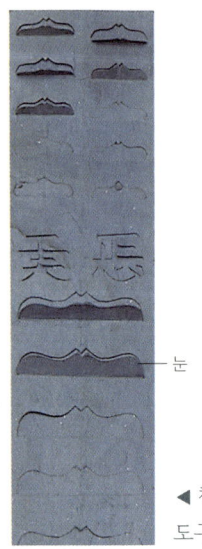

◀ 책을 읽은 횟수를 세는 도구인 서산 (국립민속박물관)

옛날에는 책을 도대체 몇 번씩 읽었던 거야?

구리로 만든 그릇과 도자기, 꽃, 시계 등으로 장식된 〈책거리〉

나올 수 있었던 건 글자 크기가 컸기 때문일 거예요. 여러 번 반복해서 글을 읽을 때는 눈을 접는 서산을 사용했어요. 서산에 접힌 횟수를 보면 책을 몇 번 읽었는지 알 수 있어요. 때로는 책갈피로도 썼죠.

위 그림은 책과 여러 가지 기물을 그린 〈책거리〉 그림이에요. 책장에 책이 많이 꽂혀 있죠. 옛날에는 어떤 기준으로 책을 분류했을까요? 지금처럼 옛날에도 책을 분류하는 일정한 기준이 있었는데, 그것을 경부·사부·자부·집부라고 해요. 경부는 유교 경전과 유교 경전의 해석서와 연구서, 사부는 역사와 관련된 책들, 자부는 유교 외 다양한 학문 분야의 책들과 소설 같은 책들, 집부는 개인의 시나 글을 묶은 책이에요. 옛 분류법을 보면 유교 경전과 역사책을 무척 중요시했다는 걸 알 수 있어요.

옛날 아이들의 책 읽기

옛 책 하면 "하늘 천 따 지 검을 현 누를 황……."으로 시작하는 『천자문』이 가장 먼저 떠올라요. 한문을 배울 때 가장 먼저 읽어야 하는 책이죠. 오른쪽 그림에서 엄마와 아빠는 일을 하고 아이는 등을 돌린 채 몸집에 비해 무척 큰 책을 읽고 있어요. 이 책이 『천자문』 아닐까요?

김홍도의 《단원 풍속도첩》 중 〈자리 짜기〉

옛날 아이들은 그림 속 아이처럼 책 읽기를 좋아했을까 궁금하죠? 조선 초기, 수양 대군이 조카 단종을 쫓아내고 왕이 된 일에 분노해 세상을 떠돌아다닌 김시습은 태어난 지 8개월 만에 글을 깨쳤다고 하죠. 율곡 이이는 세 살 때 시를 지었다고 하고요.

그러나 이건 아주 특별한 경우였어요. 옛 책에 이런 글이 나와요.

"어린아이들의 버릇은 거의 다 책 읽기를 싫어하고 일하는 것을 부끄러워하면서도 모두 놀음 놀이하는 데 이르러서는 권하지 않아도 잘하고 가르치지 않아도 부지런하다."

여러분하고 비슷한가요? 이번에는 책 읽을 때를 볼까요?

"연날리기 마치고 숨을 씩씩대며 처마 끝 고드름 한 가닥을 잘라먹네. 웬일이냐 책상 앞에선 기침만 콜록콜록, 책 읽는 소릴랑 파리 소리 같으니……."

오른쪽 위 그림은 조선의 서당 풍경이에요. 서당은 지금의 초등학교처럼 초등 교육을 담당했어요. 아이들 앞에 펼쳐진 책은 서로 다른 책일 거예요. 서당에서는 능력에 따라 다른 책을 공부하니까요. 아이들은 『천자문』으로 한자 공부를 시작해요. 천 글자의 한자로 지어진 『천자문』은 내용이 철학적이어서 대부분 아이들은 내용 이해를 하기보다 그저 글자를 달달 외웠어요.

『천자문』을 익힌 다음에는 『동몽선습』이나 『명심보감』을 배워요. '동몽'은 여덟 살에서 열다섯 살 사이의 아이를 뜻하고, '선습'은 본격적으로 유교 경전을 배우기 전에 익혀야 한다는 뜻이

김홍도의 《단원 풍속도첩》 중 〈서당〉

에요. 주요 내용은 오륜, 효, 중국과 우리나라의 역사예요. 마음을 비추는 보물 같은 글이라는 뜻을 지닌 『명심보감』에는 "의심나는 사람이면 쓰지 말고 사람을 썼다면 의심하지 마라."처럼 지금도 인용되는 글귀들이 실렸어요. 그다음은 어른들이 아이들에게 꼭 읽기를 바랐다는 『소학』과 중국의 역사책인 『통감절요』 차례죠. 『소학』은 아이들이 지켜야 할 생활 규범과 예의범절을 모은 책으로, "시선이 상대방 얼굴 위에 있으면 건방져 보이고 아래에 있으면 근심이 많아 보인다."라는 구절이 있어요. 공자 왈 맹자 왈 하는 '사서오경' 등 유교 경전을 배우기도 했지만 대부분 여기까지 공부했다고 해요.

한석봉이 쓴 『천자문』

조선 사람들의 삶에 큰 영향을 끼친 『소학』

책을 열심히 보는 까닭

조선은 유교를 공부하는 학자들이 나라를 이끌어 나갔어요. 그들은 어릴 때부터 책을 읽기 시작해 평생 책을 읽었죠. 또한 관리가 되거나 일을 잘하기 위해서 글을 잘 지어야 했어요. 한편 나라에서는 백성들에게 유교를 널리 보급시키기 위해 책을 많이 만들었어요. 책의 나라 조선은 이렇게 탄생했어요. 조선 말 프랑스 군대가 강화도를 침략한 병인양요가 일어났을 때 프랑스 군인들은 집집마다 책이 많은 걸 보고 깜짝 놀랐다고 해요.

조선 시대 아이들이 어떻게 책을 읽고 공부했을까요? 서당에서는 매일 시험을 봤다고 해요. 아래 왼쪽 그림을 보면 사방관을 쓴 훈장님 앞에서 한 아이가 시험을 치고 있어요. 그 뒤와 왼쪽에 있는 아이는 책을 펼쳐 놓고 열심히 공부를 하고 있죠. 그런데 한 아이는 시험에는 관심이 없다는 듯 다른 곳을 보고 있어요. 시험이 끝나면 어떻게 되었을까요? 시험을 통과하지 못한 아이는 초립을 쓴 선배에게 종아리를 맞아요. 한편 오른쪽 위에 있는 아이들은 얼굴에 여유가 있는 걸 보니 아마 시험에 무사히 통과한 것 같아요.

어린 학생들이 공부하는 모습을 그린 〈서당〉(부분)

과거 시험의 모습을 그린 〈소과 응시〉(부분)

서당에 다니는 양반 집안 아이들이 열심히 책을 읽고 공부하는 까닭은 주로 과거에 합격하기 위해서였어요. 과거에 합격해야 관리가 될 수 있었거든요. 과거 가운데 가장 중요시한 문과의 경우 소과와 대과를 치뤘어요. 소과에 합격하면 생원이나 진사가 되어 낮은 관직이나 성균관 유생이 될 수 있었죠. 소과에 합격한 사람은 다시 대과를 봤어요. 대과에 합격하면 가문의 영광이 되었고 높은 관리가 될 수 있는 자격이 주어졌어요. 그래서 평생 동안 과거를 본 사람까지

대과에 급제하고 마을을 돌던 모습을 그린 〈3일 유가〉

있을 정도로 과거에 합격하기가 하늘의 별 따기만큼 어려웠어요.

당시 소과 시험을 보던 현장을 그린 〈소과 응시〉를 볼까요? 사람들이 옹기종기 모여 있는데 분위기가 무척 자유로운 것 같아요. 서로 의논을 하는 사람도 있고, 다른 사람 것을 엿보는 사람도 있네요. 과거 시험이 늘 엄격했던 건 아니었어요!

하늘의 별 따기라는 대과에 합격하면 이를 자랑하는 행사를 했어요. 광해군 때 과거에 합격한 김령이라는 사람은 이렇게 묘사했어요.

"급제자들의 남색 도포와 어사화의 꽃이 아침 햇빛을 받아 반짝였고, 피리 불고 북 치는 광대를 앞세워 큰길이 떠들썩했다. 사람들이 모두 모여서 구경하니, 젊은 사람들에게는 이 또한 호사였다."

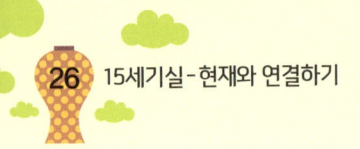
26 15세기실-현재와 연결하기

앙부일구는 어떻게 변해 왔을까?

우리나라의 대표 해시계인 앙부일구(국립경주박물관 소장)와 갖고 다니던 휴대용 앙부일구

왼쪽 사진에서 뚜껑 열린 솥처럼 움푹 파이고 그 안에 뾰족한 침이 달린 유물은 '앙부일구'예요. 우리나라의 대표적인 해시계로 꼽히곤 하죠.

앙부일구는 세종이 남긴 뛰어난 업적 가운데 하나로 평가받아요. 설명글에 "백성에게 시간과 계절을 알려 주다."라고 쓰여 있어요. 물론 앙부일구가 나오기 전에도 사람들은 시간과 계절을 알았겠지만 세종은 많은 백성이 앙부일구를 보고 더 정확하게 알기를 바랐던 것 같아요. 처음에는 두 곳에만 설치되었다가 점차 널리 보급되었어요.

앙부일구는 그림자를 이용해 시간을 재는 시계예요. 북극성을 향하도록 만든 뾰족한 영침은 그림자를 만들어요. 해의 움직임에 따라 함께 움직이는 그림자로 시간을 재고, 해의 남중 고도에 따라 그림자의 길이가 달라지는 원리로 계절을 알려 주는 절기를 재요. 앙부일구 안쪽에 세로로 그어진 선들은 시간을, 가로로 그어진 선들은 절기를 나타내죠.

사진 오른쪽에 있는 작은 유물은 가지고 다닐 수 있게 만들어진 휴대용 앙부일구와 그것을 담아 다니는 상자예요. 설치할 때 아예 남북을 정확하게 맞춘 큰 앙부일구와 달리 휴대용 앙부일구는 한쪽에 나침반을 달아 사용할 때 남북을 정확하게 맞출 수 있도록 했어요.

지금은 시간을 알려면 어떻게 하나요? 손에 쥔 스마트폰에 손가락을 대기만 하면 금세 알 수 있어요. 집에서는 벽시계를 보면 되고요. 앙부일구를 처음 설치한 1434년부터 스마트폰이 시계가 된 지금까지 시계는 어떻게 바뀌었을까요?

앙부일구는 어떻게 바뀌었을까?

 인간의 역사에서 가장 오래된 시계는 해시계예요. 그런데 해시계는 날이 흐리거나 밤이 되면 쓸 수 없었어요. 이런 단점을 극복한 시계가 물시계죠. 물시계는 물이 일정하게 흐르도록 만들어 시간을 재요. 세종 때 만든 자격루가 대표적으로 물의 힘을 이용한 시계예요. 일정한 시간마다 인형이 내는 소리와 두 시간마다 나오는 인형으로 시간을 알려 줬어요. 자격루를 만들기 전에는 물이 흐른 양을 보고 사람이 직접 시간을 알렸죠. 오랜 노력 끝에 실물 크기로 복원한 자격루를 보면 실제 어떻게 작동하는지 알 수 있어요.

 예전에는 해시계와 물시계가 전부였을까요? 조선 현종 때인 1669년, 과학자 송이영이 만든 혼천의 및 혼천시계도 있었어요. 왼쪽에는 천체의 움직임을 보여 주는 혼천의를 설치했고, 오른쪽 상자에 시계 장치가 들었어요. 이 시계는 전통 방식인 자격루처럼 인형과 소리로 시간을 알렸어요. 반면 추를 동력원으로 삼고 추의 힘을 일정하게 전달하는 장치를 적용해 시계를 움직이는 원리는 당시 중국에서 들여온 서양 시계를 응용한 것이죠.

스스로 치는 시계라는 뜻을 가진 자격루를 복원한 모습(국립고궁박물관)

조선 후기 드문드문 전해지던 서양 시계가 조선 말에 이르자 본격적으로 들어오기 시작했어요. 서양 시계는 우리나라가 하루를 열둘로 나누던 것과 달리 24시간으로 나누죠. 1896년에는 달력이 음력에서 양력으로 바뀌고 하루도 24시간으로 바뀌었어요. 그러면서 전통적인 시간 개념도 변하기 시작했

혼천의 및 혼천시계
(국보 230호, 고려대학교 박물관)

는데 특히 기차가 큰 충격을 주었어요. 기차는 양반이라고 봐주지 않고 출발 시간이 되면 곧바로 떠났거든요. 그래서 기차역에는 꼭 시계를 설치했어요.

1970년대 경제가 발전하면서 벽에 거는 괘종시계가 늘고 손목시계를 찰 수 있는 기회가 많아졌어요. 1990년대 후반에는 휴대 전화가 널리 보급되면서 시계의 역할이 줄어들었죠. 단지 시계만 바뀐 건 아니었어요. 예전에는 우리나라 사람들이 시간 약속을 정확하게 지키지 못해 생긴 '코리안 타임'이라는 말이 있었어요. 하지만 농업 사회에서 산업 사회로 바뀌어 약속을 잘 지켜야 하게 되면서 이제 옛말이 되었어요. 시계의 변화에서 보듯, 모든 유물은 옛것이지만 모두 현재와 연결되어 있어요.

시계가 있는 기차역 풍경 삽화

스마트폰

측우기와 수표는 어떻게 바뀌었을까?

　조선실의 작은 방에 조선의 대표적인 과학 유물인 측우기와 수표가 전시되어 있어요. 모두 옛것을 본떠 새로 만들었어요. 세종 때인 1441년, 당시 세자였던 문종이 주도해 측우기를 처음 만들었어요. 그 전에는 비가 온 양을 땅이 젖은 정도로 측정했기 때문에 강우량이 정확하지 않았죠. 반면 측우기는 통 안에 고인 빗물을 자로 재 정확했어요. 전국 318곳에 측우기를 설치해 비가 온 양을 측정했다고 해요. 임진왜란 이후 다시 땅이 젖은 정도만 측정하다 영조 때 중요 지역 14곳에 측우기를 설치했어요. 실제로 1770년대부터 1907년까지 한양의 강우량을 측정한 기록이 남아 있어요.

　요즘은 기상청 누리집에 들어가 보면, 비가 얼마나 내렸는지 알 수 있어요. 지금은 강우량을 어떻게 잴까요? 우량계를 이용해요. 우량계는 지름이 20센티미터인 원통형 관으로 빗물이 내린 양을 자동으로 측정하는 것을 주로 사용해요. 원통 안으로 들어오는 빗물의 양을 측정한다는 점에서 측우기와 비슷해요. 기상 레이더로도 강우량을 측정해 우량계와 서로 보완해 정확도를 높이고 있어요.

▲ 우량계
◀ 측우기(복제품)

◀ 청계천에 설치했던 수표(복제품)
▲ 한강의 수위를 재던
구용산 수위관측소(서울시 기념물 18호)

　수표는 하천의 물 높이를 재는 기구로, 사각형의 돌기둥에 눈금과 한자를 새겼어요. 맨 아래 일척(一尺)부터 맨 위 십척(十尺)까지 보여요. 척은 길이의 단위로 20.6센티미터예요. 세종 때 백성들이 홍수 피해를 입지 않도록 청계천에 세웠고, 그 뒤 전국의 주요 하천으로 확대했어요. 처음에는 나무로 만들었다가 훗날 영조 때 돌로 만들었다고 전해요. 수표를 보면 세 곳에 구멍이 뚫렸는데 가장 아래는 물이 적은 갈수, 중간은 보통으로 흐를 때, 가장 위는 홍수를 나타내는 대수로 이쯤 되면 재빨리 대피해야 하죠.
　1915년부터 하천의 물 높이를 자동으로 관측하는 자기 수위관측소가 만들어지기 시작했어요. 그 가운데 구용산 수위관측소는 한강에 만들어진 최초의 자기 수위관측소예요. 지금은 여러 곳에 설치된 수위관측소에서 레이더 등 다양한 방법으로 자동 관측된 자료가 실시간으로 모이고, 홍수 통제소 누리집에서 누구나 그 자료를 볼 수 있어요. 하천의 수위를 재는 방식은 달라졌지만 수위를 정확히 측정해 대비하려는 노력은 계속되고 있어요.

임진왜란에 대해 더 자세히 알고 싶으면?

조선 시대 때 백성들을 고통에 빠뜨렸던 큰 전쟁인 임진왜란과 병자호란 전시실

조선에서 벌어진 가장 대표적인 전쟁은 임진왜란과 병자호란이에요. 임진왜란은 1592년에 발발해 1598년에 끝난, 조선, 일본, 중국이 참전한 국제 전쟁이었어요. 이 전쟁은 조선의 역사를 바꿀 정도로 영향이 컸어요. 수많은 사람이 죽거나 다치고, 포로가 되어 일본으로 끌려갔어요. 농토는 황폐해지고 수많은 문화유산은 잿더미가 되었죠.

1636년 청나라의 공격으로 시작된 병자호란은 전쟁 기간은 짧았지만 그 피해는 만만치 않았어요. 인조가 청나라 태종에게 머리를 조아리며 항복했을 뿐만 아니라 최대 50만 명에 이르는 사람들이 청나라에 포로로 끌려갔어요. 그들은 조선으로 돌아오기가 무척 어려웠고, 특히 여자들은 다시 돌아온다 해도 사람 취급을 받지 못했어요.

왼쪽 사진은 가슴 아픈 역사를 간직한 임진왜란과 병자호란을 주제로 한 전시실이에요. 네 벽에 걸쳐 두 전쟁과 관련된 유물을 전시하고, 시각 자료와 영상물로 꾸몄어요. 입구 오른쪽은 '전쟁과 삶'이라는 주제로 유물을 전시했죠. 전쟁의 참상과 전쟁에서 활약한 사람들을 기록한 책들이 많아요. 다음 진열장 주제는 '조선의 무기'로, 활을 비롯한 여러 가지 무기와 일본군이 썼던 조총이 보여요. 맞은편에서는 임진왜란 및 병자호란과 관련된 내용을 지도, 연표, 각종 도표로 나타냈어요. 옆 벽에서는 임진왜란과 관련된 영상을 보여 주고 있죠. 전시실 밖에는 전쟁 이후 청나라 및 일본과 교류한 자료들이 전시되어 있어요.

지금부터 조선 역사상 가장 큰 전쟁이었던 임진왜란을 중심으로 전시를 좀 더 자세히 살펴볼까요?

기록과 시각 자료가 말하는 전쟁

'전쟁과 삶'이 주제인 진열장에는 전쟁의 실상과 전쟁에서 뛰어난 활약을 펼친 사람들의 이야기를 다룬 책들이 주로 전시되어 있어요. 임진왜란 당시 재상이었던 유성룡은 전쟁이 끝난 뒤 『징비록』을 지어 임진왜란의 상황을 생생하게 전했어요. 『징비록』에는 이순신 장군이 적의 탄환을 맞았지만 싸움이 끝날 때까지 싸움에 지장을 줄까 봐 아무 말도 하지 않았다는 일화도 기록되었어요. 특히 『징비록』에는 유성룡이 직접 본, 상상조차 하기 어려운 전쟁의 실상이 들어 있어요.

"힘 있는 자들은 모두 도적이 되었고 전염병이 창궐하여 살아남은 사람도 별로 없었다. 심지어 아버지와 아들이 서로 잡아먹고 남편과 아내가 서로 죽이는 지경에 이르러 길가에는 죽은 사람들의 뼈가 잡초처럼 흩어져 있었다."

『임진록』은 임진왜란을 다룬 소설이에요. 영웅들의 활약으로 임진왜란이 끝난 것으로 묘사한 이 책에는 아픈 상처를 상상으로나마 어루만지려는 노력이 깃들었어요. 소설에서는 전쟁을 끝내는 조건으로 해마다 일본 왕이 사람 피부 3백 장을 바쳐야 했는데, 이 때문에 일본 사람들이 많이 줄었다는 사실과 다른 이야기를 전해요.

이 책들을 보면 전쟁의 실상을 알기 위해서는 영웅뿐만 아니라 전쟁 때 사

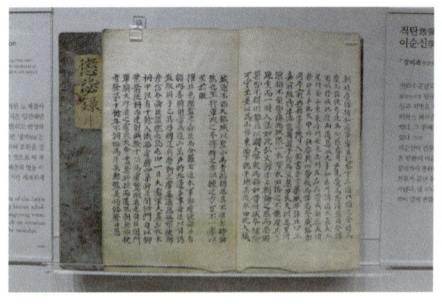
임진왜란 전후의 사정을 상세히 기록한 『징비록』

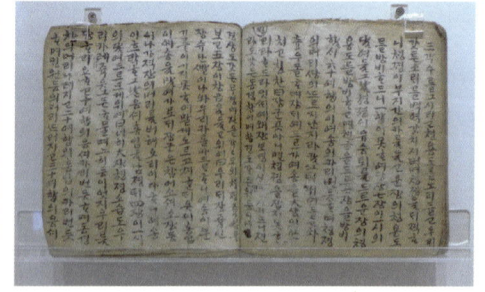
임진왜란에 가공의 이야기가 덧붙여진 소설 『임진록』

임진왜란의 진행 상황과 전쟁의 실상을 보여 주는 지도, 연표, 통계 그림

람들이 실제로 어떤 일을 겪었으며 상처를 극복하기 위해 어떻게 했는지 살펴봐야 한다는 것을 깨닫게 되죠.

한쪽 널찍한 벽에는 임진왜란을 한눈에 볼 수 있도록 지도와 연표, 그림으로 보는 통계를 붙였어요. 지도에는 임진왜란과 관련된 곳들을 표시했는데, 주로 중요한 전투가 벌어졌던 곳이에요. 그 옆에는 1592년 4월 13일 일본군이 부산을 공격한 때부터 1598년 일본군이 완전히 철수할 때까지 벌어진 중요한 사건과 전투를 시간 순으로 적었어요. 임진왜란의 3대첩으로 일컬어지는 행주 대첩, 한산도 대첩, 진주 대첩도 보여요. 연표를 읽다 보면 임진왜란이 진행된 전체적인 흐름을 알 수 있어요. 여기서 통계를 놓치지 말아야 해요. 조선, 명, 일본의 군사력 비교, 삼국의 인명 피해 규모, 전쟁 전후 조선의 토지와 인구 변화를 막대로 표시해 놓았어요. 특히 전쟁 전후 인구와 토지를 비교해 보면 임진왜란이 조선에 미친 영향을 한눈에 파악할 수 있어요.

그런데 임진왜란을 보다 더 생생하게 알고 싶다면 어떻게 해야 할까요?

임진왜란 전문 박물관으로 가 보자

임진왜란 때 가장 격렬한 전투가 벌어진 곳은 진주성이에요. 앞으로 강이 흐르는 천혜의 요새인 진주성은 경상도에서 전라도로 진출하는 길목에 있어요. 그 때문에 일본군은 어떻게 해서든 진주성을 손에 넣으려고 했죠. 마침내 1592년 10월 일본군은 진주성을 공격했으나 진주 목사 김시민을 비롯한 병사들과 백성들이 열심히 싸워 일본군을 물리쳤어요. 이 전투가 진주성 1차 전투로, 흔히 '진주 대첩'이라고 부르죠.

진주성 전투는 거기서 끝나지 않았어요. 다음 해 5월, 일본군은 7만여 명의 병력을 동원해 다시 진주성을 공격했어요. 성 안에는 3,500여 명의 군사와 6만여 명의 백성들이 모여 있었어요. 끝내 지원군이 오지 않는 절망적인 상황에서 진주성을 지키기 위한 치열한 전투가 벌어졌어요. 결국 성 안에 있던 군사들과 백성들은 무참히 희생당했어요. 일본군은 지난번 패배의 부끄러움을 씻겠다며 사람은 물론 소, 말, 닭, 개까지 죽이고 심지어 우물을 메우고 나무까지 베어 버렸다고 전해요. 이때 논개가 적장을 끌어안고 강물에 같이 빠졌다고 하죠. 유명한 논개의 이야기 뒤에는 수만 명이 희생당한 참혹한 사실이 있었던 거예요.

치열한 전투가 벌어졌던 진주성

논개가 일본 장군을 안고 물에 빠졌다는 의암 (강쪽 작은 바위)

▲ 국립진주박물관의
임진왜란실 모습

▶ 코 영수증
(복제품, 국립진주박물관)

진주성 안에 있는 국립진주박물관은 상징적 장소답게 임진왜란을 가장 전문적으로 다루었죠. 임진왜란실에 있는 몇몇 유물이 눈에 뜨여요. 위 오른쪽 사진은 임진왜란을 일으킨 도요토미 히데요시의 측근이 조선 사람의 코 3,369개를 받았다는 증명서로, 원본은 일본 오사카성 천수각에 있어요. 도요토미는 조선 사람의 코를 베어 보내라고 명령했고, 일본군은 코를 베어 소금에 절여 일본으로 보냈어요. 이때 코를 베인 사람이 셀 수 없었다고 해요.

전쟁이 끝나자 광해군은 『동국신속삼강행실도』를 펴냈어요. 이 책은 충신, 효자, 열녀뿐만 아니라 임진왜란 중에 목숨을 바친 사람들의 행적을 담고 있어요. 특히 임진왜란 때 일본군에 저항하다 희생당한 441명의 열녀가 등장하는데, 충신이나 효자에 비해 압도적으로 많아요. 저항하나 죽은 여성을 본받으라는 뜻이기도 하지만 전쟁에서 여자들이 가장 큰 피해자가 된다는 사실을 깨닫게 해요.

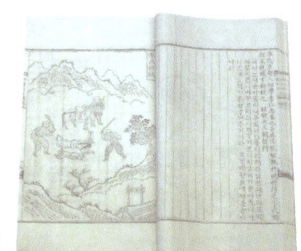

《동국신속삼강행실도》(복제품, 국립진주박물관)

그림 속의 현장으로 가 보자

〈동래부순절도〉는 임진왜란을 다룬 글에서는 꼭 나오는 그림이에요. 동래 부사 송상현과 백성들이 일본군에 맞서 용감하게 싸우는 장면을 그렸어요. '동래부'는 지금 부산에 있는 곳이고 '순절'은 충성을 지키려고 죽은 것을 뜻해요. 송상현은 일본군과 싸우다 전세가 기울자 관복으로 갈아입은 뒤 왕이 있는 북쪽을 향해 절을 하고 아버지에게 작별을 고하는 글을 쓴 다음, 일본군에게 죽임을 당했어요.

당시 동래성에는 일본군을 피해 성으로 들어온 일반 백성들도 많았어요. 일본군이 성 안으로 들어왔을 때 백성들은 격렬하게 저항했어요. 그들 가운데 몇몇은 지붕에 올라가 기와를 던졌어요. 아래 맨 오른쪽 그림에서 건물 지붕에 올라간 한 남자와 왼쪽 건물 지붕에 있는 두 여자가 보이나요? 건물 아래에는 깨진 기와와 쓰러진 일본군이 보여요.

이 그림은 딱 이 장면까지만 보여 주고 있어요. 성 안에 있던 그 많던 백성들은 전투가 끝나고 어떤 운명을 맞았을까요?

동래 부사 송상현

〈동래부순절도〉
(보물 392호, 육군박물관)

격렬하게 저항하는 사람들

2005년 부산 도심 한복판 지하철 4호선 수안역 공사장에서 '해자'가 발견되었어요. '해자'는 적이 쉽게 접근하지 못하도록 성 앞에 파놓은 물길이에요. 이곳에서 발견된 유적은 〈동래부순절도〉에 맨 아래 보이는 남문 왼쪽 앞부분에 해당해요.

2008년까지 진행된 여러 차례 발굴에서 유골을 비롯한 청동 숟가락, 칼, 갑옷, 활, 창, 자기 등 여러 종류의 유물을 찾았어요. 조사 결과 무기들은 대부분 임진왜란 당시 동래성 전투에서 조선군이 사용했던 것이었어요.

발견된 것 가운데 가장 놀라운 건 유골들이었어요. 이곳에서는 최소 81명에서 최대 114명에 달하는 사람 뼈가 나왔어요. 그 가운데에는 조총에 맞은 어린아이의 머리뼈도 있었어요. 이들은 동래성 전투 당시 희생당한 사람들로, 전투가 끝난 뒤 일본군에 의해 한꺼번에 해자에 버려진 것으로 보여요.

지금은 해자가 발견된 지하철역 안에 동래읍성 임진왜란 역사관이 만들어졌어요. 〈동래부순절도〉가 보여 주지 않았던 죽어 간 사람들의 이야기가 이곳에서 생생하게 되살아났어요.

발굴된 해자

흩어진 나무 말뚝 사이로 보이는 사람의 머리뼈

조선 후기 사람들은 어떻게 살았을까?

　이곳은 조선 후기인 18, 19세기 모습을 전시한 전시실이에요. 다른 전시실보다 다양한 주제와 유물로 구성되었어요. 이 시기가 현재와 가깝기도 하고 역동적으로 움직였던 때이기 때문이죠. 임진왜란과 병자호란을 겪으며 피폐해진 조선은 영조와 정조 때 전성기를 맞았어요. 모내기 등 농사의 효율성을 높이는 방법들이 시행되면서 농업 생산성이 높아졌어요. 각 지역을 연결하는 물류도 발달하고 상품을 거래하는 시장도 늘어났어요. 청나라와 교류하면서 다양한 물건과 사상이 들어와 조선에 충격을 주었죠. 김홍도나 신윤복이 그

18, 19세기를 한눈에 둘러볼 수 있는 전시실

린 풍속화는 당시 분위기를 반영하고 있어요.

　사회가 변화하면서 새로운 생각을 하는 사람들이 늘어났어요. 이들은 전통적인 생각에 의지하기보다 자기가 발 딛고 있는 땅이 어떤 곳인지 고민했어요. 실학자를 비롯한 지식인들은 자기 생각을 글로 펼쳤어요. 『열하일기』를 쓴 박지원과 『여유당전서』를 쓴 정약용이 유명해요. 이 시기에는 전시실 대부분을 책으로 꾸밀 수 있을 정도로 다양한 책들이 등장했어요.

　시간이 지나면서 문제점도 본격적으로 드러났어요. 권력이 몇몇 가문에 집중되고 세금 제도가 제대로 운용되지 못해 힘이 약한 농민을 괴롭게 만들었어요. 상황이 이렇다 보니 부자는 더욱 부자가 되고 몰락하는 농민들은 더욱 늘어났어요. 다양한 유물만큼이나 생각해 봐야 할 거리가 많아요.

이제 조선실도 끝나가니 2층이나 3층에도 가 볼까?

네!

다양한 유물은 이 시대를 어떻게 알려 줄까?

　아래 사진 속 왼쪽 진열장은 다양한 유물을 활용해 '풍요와 빈곤'이라는 전시 주제를 부각시켰어요. 이 시기는 부자는 더 부자가 되고 가난한 사람은 더 가난해지는 현상이 심해져 인생 역전을 꿈꾸는 도박이 유행했다고 해요. 도박의 실상을 설명하기 위해 책과 그림을 비롯한 여러 유물을 전시했어요. 왼쪽에는 도박을 경계하라는 주장을 펼친 『목민심서』, 도박과 유흥에 빠진 이춘풍을 다룬 소설 『이춘풍전』이 보이죠. 벽에 붙은 그림은 어른들이 모여 투전을 하거나 쌍륙에 빠진 장면을 그린 그림이에요.

　그다음 진열장에도 계속 도박을 다루었어요. 지금의 경찰인 순라꾼과 포졸이 사용하던 육모 방망이와 신분증, 담배를 피우는 데 쓰는 도구들, 도박의 한 종류인 골패와 골패 놀이법을 소개한 책까지 있어요. 이 유물들을 보면 당시 도박을 배우기 위해 눈을 부릅뜨고 연습을 하는 모습, 골방에 모여 담배를 피워 대며 도박을 하는 장면이 보이기도 하고, 불시에 도박장에 들이닥친 포졸들이 고함치는 소리, 판돈을 압수당한 도박꾼들이 내쉬는 한숨 소리가 들리

조선 후기 사회의 풍요과 빈곤, 도박 진열장

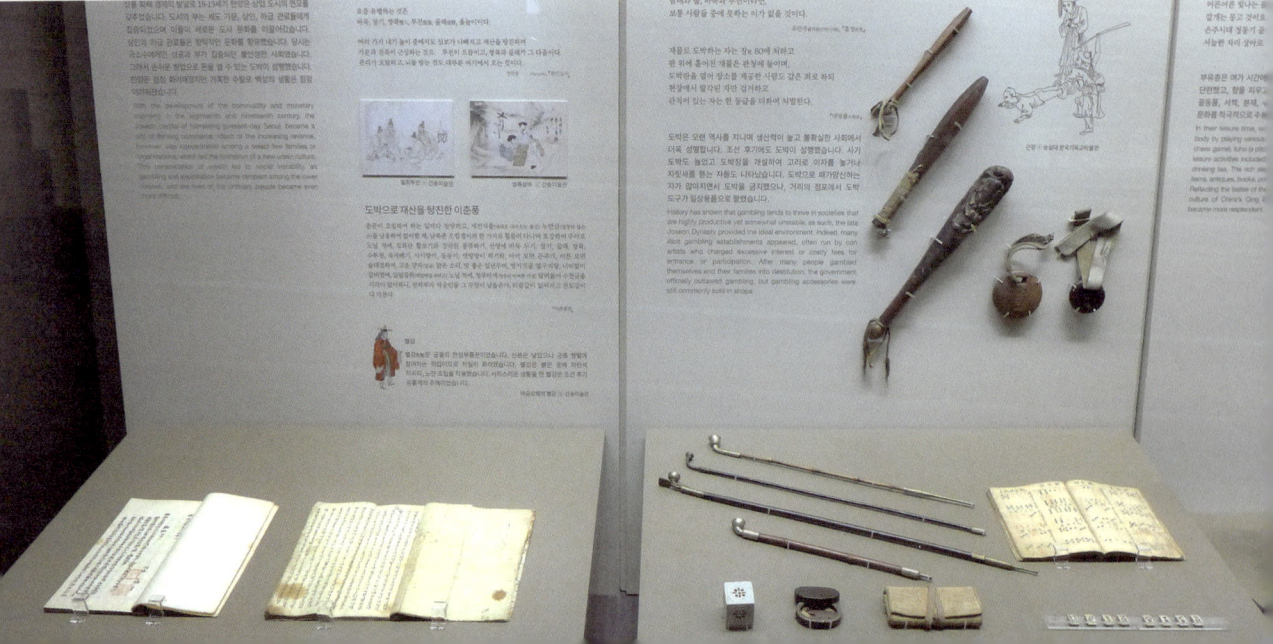

는 것 같아요.

　아래 진열장에서는 풍요과 빈곤을 대비시켜 18, 19세기의 문제를 다루었어요. 왼쪽의 '풍요로운 삶'에서는 부유층이 여가 시간에 투호를 하거나 문방구들을 수집했다고 설명해요. 도자기로 만들어진 다양한 필통과 연적, 먹물을 담는 그릇, 투호, 나전으로 만든 연상을 전시했어요. 이 유물들을 보면 다양한 문방구로 꾸며진 사랑방이 눈앞에 보이고 투호를 하며 떠들썩하게 노는 소리가 들리는 것 같아요.

　반면 오른쪽의 '빈곤한 삶'은 소박해요. 벽에 당시 백성들이 어떤 어려움에 처했는지 알려 주기 위해 손이 그려진 문서를 전시했어요. 박복덕이라는 사람이 남편이 굶어 죽을 상황에 이르자 자기와 자식들을 노비로 판다는 내용이에요. 손을 그려 문서의 증거로 삼았죠. 그림 아래에는 당시 사람들이 사용한 큼직한 그릇을 소반 위에 올려놓았어요. 굶기를 밥 먹듯 하는 백성들에게 간절한 소원은 큰 밥그릇에 밥 먹는 걸 거예요. 이 그릇을 보면 "백성은 밥을 하늘로 삼는다.", "곳간에서 인심 난다."는 옛말이 떠올라요.

풍요로운 삶과 빈곤한 삶 진열장

다른 전시실로 가 보자

 18, 19세기 진열장에 있는 유물 가운데 그림, 목가구, 도자기는 다른 전시실에 가면 더 많이 볼 수 있어요. 2층에 있는 회화실의 풍속화방에서는 당시 사람들의 삶을 한눈에 살펴볼 수 있어요. 전시되는 그림이 자주 바뀌지만 풍속화란 점은 같아요. 대표적인 풍속화로 김홍도의 《단원 풍속도첩》(보물 527호)을 꼽을 수 있어요. 당시 생활상을 병풍으로 그린 작품들도 전시실의 단골손님이에요. 풍속화를 보면 이 시기 사람들의 생생한 얼굴을 만날 수 있어요.

 또 도움이 되는 곳이 궁중장식화와 민화가 전시된 방이에요. 방 한편에는 궁궐에서 사용된 그림을, 다른 편에는 민간에서 그린 민화를 전시했어요.

풍속화가 전시된 방

궁중장식화와 민화가 전시된 방

 민화는 당시 사회의 변화를 잘 반영했어요. 여러 민화 가운데 〈책거리〉 그림을 보면 당시 부유층이 무엇을 좋아했는지 살펴볼 수 있어요. 책장 가득히 들어찬 책, 중국에서 건너온 골동품, 꽃, 시계, 다양한 문방구가 〈책거리〉 그림의 주요 소재였어요. 빽빽하게 들어찬 물건들은 당시 부유층의 수집열을 고스란히 전해 줘요.

회화실을 지나면 2층 끝에 목칠공예실이 나와요. 이곳에서는 주로 18, 19세기에 안방과 사랑방에서 사용한 가구, 글을 쓰는 데 사용한 문방사우 등 여러 가지 문방구들이 전시되어 있어요. 재현한 사랑방을 보면 문방구와 사랑방 가구가 어떤 공간에 어떻게 놓였는지 알 수 있죠. 조선의 양반들은 검소함을 추구했다고 설명하고 있지만 18, 19세기에 사치 풍조가 늘어났다는 점을 같이 생각하면서 봐야 해요.

도자공예-백자실도 놓치지 말아야죠. 3층 공예관 마지막 전시실이 도자공예-백자실이에요. 이곳에는 18, 19세기에 만들어진 다양한 백자가 전시되어 있어요. 임진왜란 직후 만들어진 백자는 혼란한 나라 상황을 반영한 듯 색도

조선 시대 사랑방

도자공예-백자실의 모습

탁하고 그림도 흐트러진 경우가 많아요. 그러다가 18세기가 되면 색도 하얗고 장식된 그림의 수준도 상당히 높아요. 19세기에는 문방구를 좋아했다는 어느 양반의 기록처럼 다양한 백자 문방구들이 쏟아졌어요. 백자 도자기 역시 여느 때보다 모양도 다양하고 그림도 화려해요. 이처럼 18, 19세기를 이해하는 데 다른 전시실의 도움을 많이 받을 수 있어요.

29 18, 19세기실 - 다양한 방법으로 시대 읽기

대동여지도를 가지고 놀아 볼까?

중부 지방 부분을 펼쳐 전시한 대동여지도와 목판

대동여지도를 찍는 목판

우아, 엄청 크다!

내 키보다 커요!

이만큼, 이만큼!

다 펼치면 어른 세 명 키보다 커!

옛 지도 하면 김정호가 만든 '대동여지도'가 가장 먼저 떠올라요. 조선실에 걸린 커다란 지도가 대동여지도예요. 전체가 아니라 일부분이지만 이것만 해도 엄청 크죠.

전시된 것처럼 대동여지도는 한 장으로 된 것이 아니라 모두 22권의 책을 옆으로 펼쳐 만들어요. 모두 펼치면 가로 3.8미터, 세로 6.7미터라고 해요. 만약 이렇게 큰 지도를 한 장으로 만든다면 제작과 보관이 어렵고, 펼쳐 보기도 힘들었을 거예요. 여러 권의 책으로 만들면 필요한 부분만 가지고 다니며 필요한 곳만 펼쳐 볼 수 있어요. 현재 대동여지도 인쇄본은 약 30여 질이 전해져요. 김정호가 여러 번 찍을 수 있도록 목판으로 만들었기 때문이죠.

지도 한 쪽은 가로가 80리, 세로가 120리에 해당되어요. 당시 10리가 얼마 만한 거리인지 여러 가지 의견이 있지만 적어도 4킬로미터보다 길었을 거라고 보고 있어요. 길은 비교적 곧은 선으로 그렸고, 실제 10리마다 점을 찍었어요. 만약 진짜 길처럼 구불구불하게 그리면 물줄기와 헷갈릴 수 있기 때문이죠. 10리마다 찍힌 점을 보면 거리가 얼마인지, 시간이 얼마나 걸릴지 대략 짐작할 수 있어요. 물길은 두 가지로 나타냈는데, 두 줄인 곳은 배가 다닐 수 있는 곳, 한 줄은 배가 다닐 수 없는 곳을 뜻해요.

진열장 왼쪽 끝에 대동여지도를 찍는 목판이 보이죠. 목판을 새기는 일은 종이에 지도를 그리는 것보다 고되고 힘들지만 여러 벌 제작해서 많은 사람이 볼 수 있도록 하겠다는 김정호의 의지를 꺾지는 못한 것 같아요. 계산해 보니 혼자 대동여지도 복판을 새기려면 적어도 10년은 걸린다고 해요. 그래서 김정호와 함께 작업한 사람이 있을 거라고 추정해요.

지금 지도와 비교해 보기

대동여지도와 지금 지도를 비교해 볼까요? 아래에 대동여지도와 요즘 만든 우리나라 전도가 있어요. 둘 다 우리나라 전체를 그린 지도죠. 두 지도를 보니 "대동여지도가 지금 지도와 비슷하네! 이렇게 정확했어!"라며 놀라지 않을 수 없어요. 얼마나 정확한지 보려면 두 지도를 겹쳐 보면 되어요. 두 지도의 윤곽선을 겹치면 맨 아래 사진처럼 보여요. 대동여지도를 지금 지도와 비교해 보면 아래쪽은 비교적 정확하고 북쪽의 산악 지대는 조금 달라요. 그래도 이 정도면 놀랍지 않나요? 대한 제국 때인 1898년, 일본이 몰래 우리나라를 측량 조사해 비밀 지도를 만들었어요. 그런데 그들이 만든 지도와 대동여지도가 큰 차이가 없는 걸 보고 깜짝 놀랐다는 이야기가 전해요.

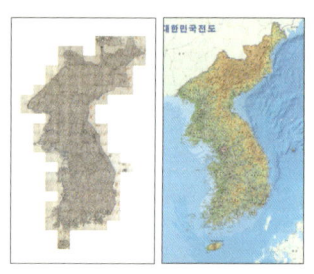

대동여지도와 대한민국 전도

둘을 겹쳐 놓은 모습

대동여지도 맨 오른쪽 위에 원고지처럼 보이는 네모난 칸들이 있어요. 가로 8칸, 세로 12칸으로 1칸은 2.5센티미터예요. 이 1칸은 거리 표시로, 10리를 뜻해요. 물론 현대 지도에도 거리 표시가 있어요. 현대 지도의 거리 표시는 지도마다 다르지만 이 지도에 있는 거리 표시는 1센티미터가 12킬로미터를 나타내요. 만약 지도에 거리 표시가 없다면 실제 거리가 얼마인지 알 수 없겠죠.

대동여지도는 기호로 지리 정보를 표시했어요. 기호를 사용하면 손쉽게 지리 정보를 파악할 수 있어요. 기호가 없다면 똑같은 말을 반복

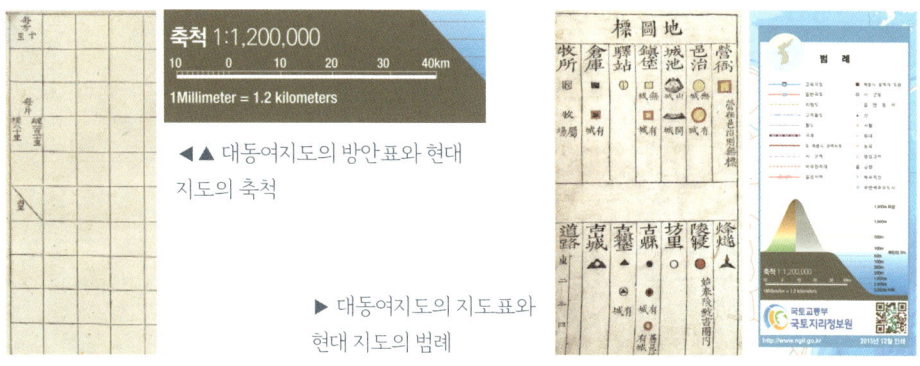

◀◀ 대동여지도의 방안표와 현대 지도의 축척

▶ 대동여지도의 지도표와 현대 지도의 범례

해 쓸 수밖에 없겠죠. 현대 지도에서도 '범례'라고 해서 기호가 꼭 들어가요. 무엇을 알려 주고 싶은가에 따라 범례의 내용은 지도마다 달라져요.

　대동여지도를 보면 산줄기가 온 나라를 거미줄처럼 감싸고 있어요. 백두산에서 시작된 산줄기가 동해안으로 뻗어 내렸고, 여기에서 다시 수많은 산줄기가 곳곳으로 힘차게 퍼져 나가요. 산줄기 사이로 흐르는 물줄기들은 꿈틀거리는 것처럼 보여요. 당시에는 삶의 터전인 산줄기와 물줄기를 중요하게 생각했어요. 반면 현대 지도에서는 산과 산줄기를 단지 삼각형과 갈색으로 표시해 대동여지도와 느낌이 상당히 달라요. 그 대신 국토를 사방으로 잇는 길을 더욱 강조했어요. 자연 속에서 사람이 살아간다는 가치관과 사람이 중심이라는 가치관의 차이가 지도에 반영된 건 아닐까요?

대동여지도의 산과 물과 현대 지도의 산과 물

지도에서 벗어나 예술로 접근하기

대동여지도는 대부분 지도라고만 생각해요. 이름도 지도이고, 땅의 모습을 그렸으니 당연히 지도죠. 김정호도 지리학자 혹은 지도학자라고 여겨요. 잠깐 여기서 대동여지도를 찍어 낸 목판을 가까이서 볼까요? 목판을 새긴 솜씨가 보통이 아니에요. 고도의 집중력을 발휘해 뛰어난 솜씨로 목판을 팠어요. 목판을 새길 때 아차 실수하면 안 되니까 정신을 바짝 차려야 했어요. 글자를 새긴 걸 보면 더욱 분명해요. 옛날에는 목판을 새기는 사람을 '각수'라고 불렀는데, 김정호는 뛰어난 각수이기도 했다는 걸 알 수 있어요.

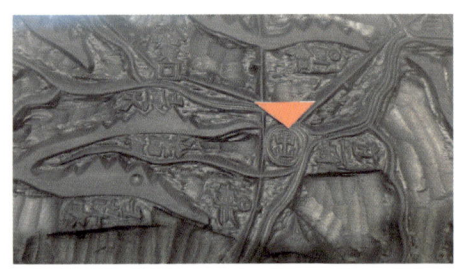
대동여지도 목판

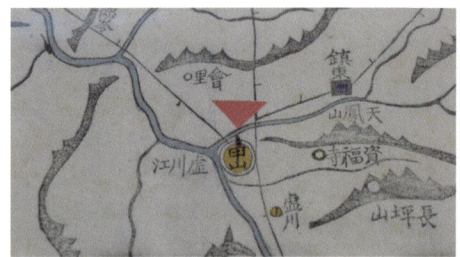
목판을 인쇄한 모습

또한 김정호는 뛰어난 화가였어요. 뛰어난 목판화가 나오기 위해서는 목판을 파기 위해 그리는 그림도 뛰어나야 해요. 종이에 그림을 그린 뒤 목판에 붙여 새기거든요. 대동여지도는 사실에 바탕을 두고 만들었지만 지도의 요소들을 구성하고 강조하는 방식을 보면 놀라워요. 대동여지도를 봤을 때 온 국토의 기운이 꿈틀거리는 느낌을 받는 건 김정호가 갖고 있는 화가로서의 힘 때문일 거예요. 현대 지도에서는 찾아보기 어려운 점이에요.

우리나라의 대표 산인 백두산과 금강산을 볼까요? 백두산은 우리나라의 산줄기가 시작되는 곳으로, 여기서 뻗어 내려오는 거대한 산줄기를 백두대

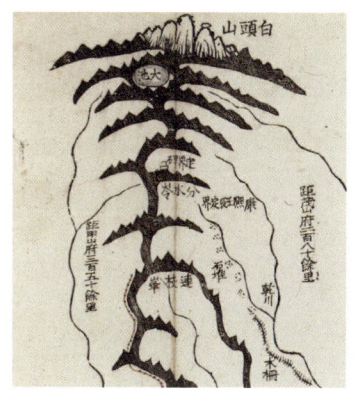 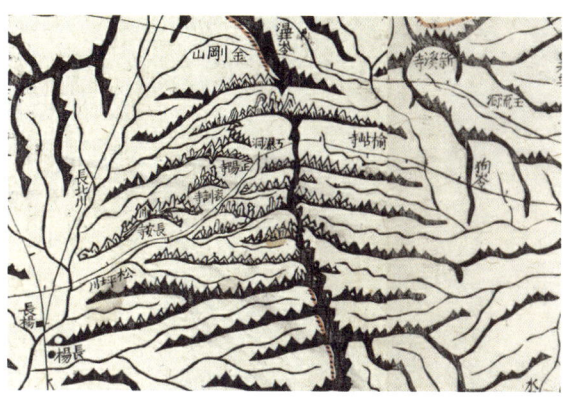

대동여지도 중 백두산 부분   대동여지도 중 금강산 부분

간이라고 불러요. 대동여지도를 보면 백두산과 백두산에서 뻗어 내린 산줄기를 마치 큰 기운이 쏟아져 내리는 것처럼 묘사했어요. 땅의 모습이 실제로 이렇게 생기지는 않았을 테지만 백두산의 힘을 강조한 것으로 보여요.

  금강산은 '금강산 찾아가자 일만 이천 봉'이라는 노래가 있을 정도로 유명한 산이에요. 경치가 아름다울 뿐만 아니라 하늘로 솟은 수많은 봉우리가 저마다 경이로움을 뽐내죠. '금강산도 식후경'이라는 말이 괜히 나온 게 아니에요. 대동여지도에서는 금강산을 일만 이천 봉으로 표현하지는 않았지만 변화무쌍한 금강산의 느낌을 잘 전해 줘요. 지도인데도 마치 살아 있는 것 같아 화가가 그린 뛰어난 금강산 그림과 견주어 봐도 손색이 없어요.

  이런 면에서 보면 대동여지도는 뛰어난 예술 작품이에요.

정선이 그린 금강산의 모습인
〈금강내산총도〉

대동여지도를 만들어 보자

선생님은 아이들과 박물관 답사를 하면서 어떻게 하면 대동여지도의 맛을 느끼게 할 수 있을까 고민했어요. 그러다가 22권의 대동여지도 가운데 서울이 포함된 부분 두 권을 실물 크기로 만들었어요. 당시 박물관에는 대동여지도 두 쪽만 전시되어 아쉬웠거든요. 대동여지도 앞에서 실물 크기의 대동여지도를 펼치자 모두 깜짝 놀랐어요.

"대동여지도 정말 크다!"

책에서 작은 크기로 보던 것과 실물 크기로 보는 건 완전히 달랐어요.

그다음에는 대동여지도 22권 전체를 실제 크기에 가깝게 복사하고 튼튼한 종이에 붙였어요. 그리고 아이들과 함께 답사 가는 날을 기다렸죠. 지도가 너무 커서 집 안에서는 펴 볼 수 없었거든요.

실내에서 대동여지도를 펼쳐 보는 모습

'과연 대동여지도는 어떤 모습일까?'

드디어 아이들과 함께 박물관으로 답사를 갔어요.

"오늘은 답사가 끝나고 특별한 행사가 있어요. 저도 한 번도 본 적이 없는 거예요."라고 말하고는 설레는 마음으로 박물관 밖으로 나갔어요.

"이제부터 실제 크기의 대동여지도를 만들 거예요. 여러분들과 어른들이 힘을 합쳐 만들어 봐요."

모두 힘을 합쳐 대동여지도를 한 권씩 펼쳐들고 맞추어 나갔어요. 백두산부터 순서대로 맞추어 나가자 서울이 나오고 마지막으로 제주도가 나왔어요.

"지도가 이렇게 컸어요?"

"높은 데 올라가서 봐요. 여기서 보는 거하고 전혀 다를 거예요. 빨리! 바람에 날아가기 전에."

아이 어른 할 것 없이 우르르 계단 위로 올라가 지도를 내려다봤어요.

"우아, 멋있다! 진짜 크다! 김정호는 어떻게 대동여지도를 만들었을까!"

하늘에서 봐야 보인다는 남아메리카의 나스카 유적을 보는 기분이 이럴까요? 이름만 듣거나 작은 이미지로만 보던 대동여지도를 퍼즐 맞추듯 만들고 이렇게 보니 느낌이 남달랐을 거예요. 대동여지도 만들기를 해 본 사람들에게 특별한 기억으로 남겠죠. 진열장 속의 대동여지도를 보는 것도 좋지만 같이 만들어 가는 대동여지도 역시 재미있어요.

이처럼 '역사 하기'란 단지 주어진 것을 받아들이는 게 아니라 새로운 질문을 던지며 스스로, 또는 함께 찾아가는 과정이에요.

실제 크기의 대동여지도 22권을 펼친 모습

나도 대동여지도에 누워 전국을 여행하고 싶다!

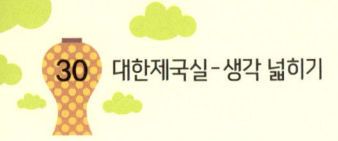

박물관에는 어떤 유물이 전시될까?

정면에 고종 어진이 전시된 대한제국실

드디어 국립중앙박물관 1층 마지막 전시실인 대한제국실에 도착했어요. 태조 이성계의 어진이 조선실을 열었다면 그의 후손인 고종의 어진이 마지막을 지키고 있어요. 고종은 1897년 나라 이름을 조선에서 대한 제국으로 바꾸었어요. '제국'은 황제가 다스리는 나라라는 뜻이에요. 고종은 형식상 왕보다 더 높은 황제가 되었어요. 황제가 된 고종은 훗날 자기 초상화가 전시실에 전시될 줄 알았을까요?

고종의 어진은 얼마 남아 있지 않은 조선 시대 어진 가운데 하나죠. 게다가 주인공 고종은 세계의 격동에 휩쓸린 조선의 마지막 시기의 왕이었다는 점에서 눈길을 끌어요. 대한제국실 정면에 전시된 고종의 어진을 보면 어떤 생각이 드나요? 오랫동안 고종은 힘없고 무능해 일본에게 나라를 빼앗긴 장본인이라는 평가를 받아 왔어요. 그런데 이 전시실에서는 일본과 같은 강대국들이 세력을 뻗치는 어려운 환경 속에서도 나라를 새로 세우기 위해 노력했다는 점을 강조했어요. 똑같은 초상화이지만 주인공이 어떤 평가를 받는지에 따라 대하는 태도가 달라져요.

'무능력했던 왕이었어.'라는 눈으로 보면 진짜 무능하게 보여요. 반면 '그래도 나름 많은 노력을 기울였어.'라고 생각하면 굳센 의지가 보이는 듯해요.

조선의 26번째 왕이자 황제였던 고종의 어진

번듯한 유물들

어떤 유물이 박물관에 전시된다고 하면 뭔가 역사적으로 중요한 의미를 가졌거나 특별한 것이 아닐까 생각하죠. 대한제국실에 있는 여러 진열장 가운데 아래 사진 속 진열장이 딱 그래요. 이 진열장의 주제는 '자주독립과 근대화'예요. 고종은 대한 제국을 선포하면서 황제의 나라에 걸맞게 의례를 정비하고 부국강병을 이루기 위해 근대화 사업을 추진했어요. 굉장히 거창하고 근사해 보이죠. 이 주제의 진열장에는 어떤 유물이 전시되어 있을까요?

먼저 큰 글자로 궁내부(宮內府)라고 쓰인 현판이 보여요. 궁내부는 황제를 보좌하는 직속 기구였는데, 이곳에서는 황실 업무에서부터 철도 사업까지 담당했어요. 벽에 붙은 동그란 은빛 메달은 고종과 그의 아들 순종을 기념한 기념장이에요. 조선 시대에는 없던 것으로, 행사에 참석한 사람들에게 나누어 주었죠. 대한 제국의 관리였던 민영환의 가슴에도 기념장이 달렸어요. 기념장 옆에 금빛으로 반짝이는 네모 판은 순종을 황태자로 책봉하며 만든 금책이에요. 이 유물들은 대부분 황제의 권위를 높이기 위해 만들었고 당시 일반

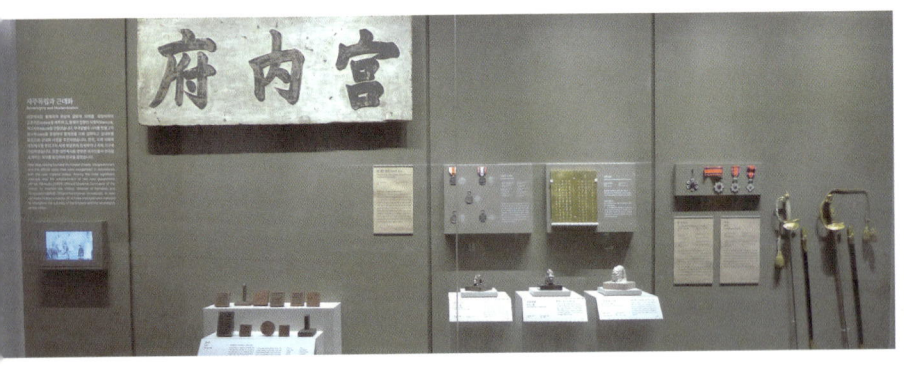

▲ 대한 제국의 황실과 관련된 유물을 전시한 진열장
▶ 1905년 일본이 강제로 을사늑약을 체결하자 백성들에게 편지를 남기고 자결한 대한 제국의 관리 민영환

사람들은 구경하기 어려웠어요.

그 옆으로 같은 주제를 다룬 진열장이 이어져요. 주로 당시 외국과의 교류를 보여 주는 유물들이 담겨 있죠. 아래 사진 속 세계 지도를 보면, 위쪽에는 아시아 대륙이 있는 동반구를, 아래쪽에는 아메리카 대륙이 있는 서반구를 표시했어요. 세계를 알려면 세계 지리를 알아야 하는 때가 되었다는 뜻이죠. 지도 위와 중간에는 여러 나라의 국기가 있어요. 지도 가장 앞에 대한 제국을 대외적으로 상징하는 태극기가 보여요. 이 지도는 대한 제국이 중국이나 일본뿐만 아니라 전 세계를 상대해야 하는 시대에 접어들었다는 걸 뜻해요.

한편 외국인이 우리나라에 대해 쓴 책도 전시되어 있어요. 특히 연두색 표지의 『조선과 그 이웃 나라들』은 영국의 지리학자 비숍이 네 차례 조선을 돌아보고 쓴 기행문으로, 우리나라에 대해 많은 이야기를 담았어요. 조선에 관한 책을 쓴 외국 저자들은 자신의 책이 훗날 박물관에 전시될지 꿈에도 몰랐을 거예요. 그들의 나라에는 이 책이 전시되지 않았을 수도 있지만, 우리나라에서는 기록의 가치 때문에 전시된 거죠.

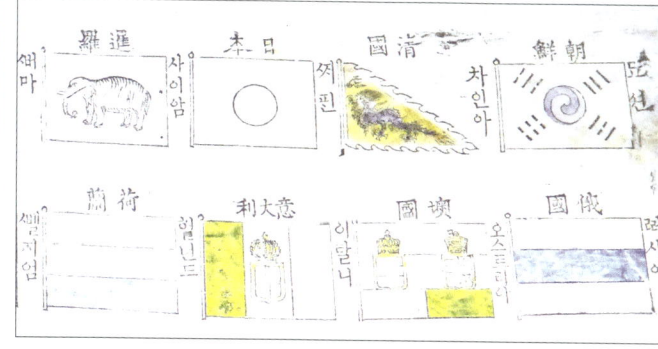

◀ 세계 지도가 전시된 진열장
▲ 지도의 국기 부분

이런 건 왜 전시했을까?

대한제국실을 구성하고 있는 다른 진열장들을 계속 살펴볼까요? 아래 보이는 신문은 1906년 5월 29일 자 「대한매일신보」예요. 신문이라면 우리 주위에서 손쉽게 볼 수 있는데 왜 전시를 했을까요? 이 신문은 1904년 나라를 어려움에서 구하기 위해 창간되었고, 고종과 애국지사들의 지원을 받았다는 점에 큰 의미를 부여했기 때문이에요.

왼쪽에는 지폐가 전시되어 있어요. 지폐 옆에 '대한 제국의 화폐 발행과 일제의 화폐·금융 장악'이라는 제목과, 일제가 대한 제국의 금융을 장악해 나가는 과정에 대한 설명이 붙었어요. 전시된 지폐는 대부분 일본이 금융을 장악한 뒤 발행된 것들이에요. 지금 쓰는 지폐도 훗날 특별한 가치를 부여한다면 대한민국실을 채울 수 있겠죠.

오른쪽 위 『신정산술』이라는 책을 보니 한글과 한문이 섞여 쓰였고, 중간 중간에 아라비아 숫자도 있어요. 이 책은 대한 제국 때 초등학교에서 사용한 수학 교과서예요. 여러분도 학교에서 수학을 배우고 있죠. 후손들이 여러분의 수학책을 박물관에서 본다면 무슨 말을 할까요? "21세기 대한민국

대한 제국의 경제와 언론의 상황을 보여 주는 지폐와 신문

의 어린이들은 수학을 정말 좋아했나 봐!"일까요, 아니면 "시험을 잘 보기 위해 억지로 수학 공부를 한 건 아닐까?"일까요?

『신정산술』

아래 왼쪽 사진의 진열장에 늘어선 기구들은 오른쪽부터 아크등, 입체경, 전화기, 축음기인데 지금 쓰는 물건들과 모습이 좀 달라요. 아크등은 우리나라에서 처음 사용한 전등과 같은 모델이에요. 사람 얼굴처럼 보이는 갈색 기계는 전화기이고, 커다란 나팔이 달린 기계는 축음기로, 나팔은 소리가 나오는 스피커예요. 사실 이 유물들은 모두 외국에서 수입한 것이지만, 우리 역사의 한 장을 장식했어요.

아래 오른쪽 사진의 진열장은 마치 옛날 병원 풍경을 보는 것 같아요. 의사들이 쓰는 청진기며 말라리아에 좋다는 약, 이 약의 광고지, 천연두와 관련된 책과 도구들이에요. 서양 의학이 우리나라에 들어왔다는 걸 알려 주는 유물들이죠. 우리 주변에 있는 평범한 물건들도 시간이 지나면 어떤 대접을 받을지 아무도 몰라요.

외국에서 들어온 신문물들
(아크등만 국립민속박물관 소장)

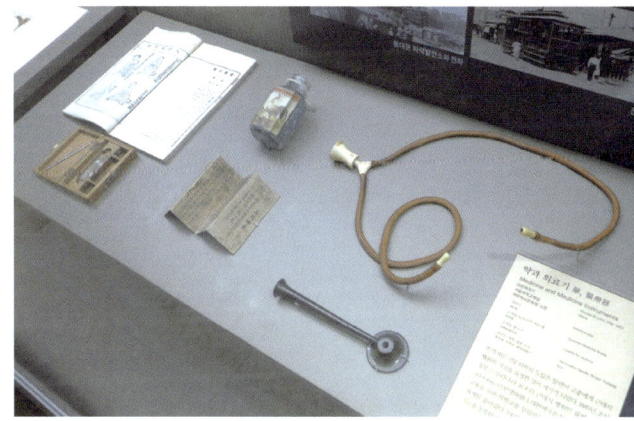
당시 사용된 의료 기기와 약
(서울대학교 의학역사문화원 소장)

내가 썼던 것도 전시될까?

유물과 비슷한 말이 문화재예요. 두 단어를 구분하자면 유물은 선조들이 만든 것을 말하고, 문화재는 유물을 포함해 선조들의 삶의 지혜와 역사를 잘 담고 있는 유산을 말해요. 보통 유형 문화재, 무형 문화재, 기념물, 민속자료 이렇게 네 가지로 나누어 관리를 해요. 요즘에는 문화재 대신 문화유산이라는 말도 널리 사용해요.

유물 가운데 중요한 것은 국가와 지방 자치 단체에서 따로 지정해 보존과 관리에 특별히 신경을 써요. 국보와 보물이 대표적이에요. 그런데 국보와 보물은 어떤 차이가 있을까요? 아래 두 사진은 쌍둥이처럼 생긴 청자 거북이모양 주전자인데, 한 점은 국보이고 한 점은 보물이에요. 얼굴도 잘생기고 당당해 보이는 작품이 국보예요. 보물은 역사적, 예술적 가치가 높아 국가에서 관리할 필요가 있는 문화재인데, 이 가운데에서 오래되거나 대표적이거나 다른 예를 찾아보기 어렵거나 유명한 인물이 만든 것을 국보로 지정해요. 하지만 절대적인 기준은 없고 전문가들이 판단을 해요. 국보와 보물에 붙은 지정 번호는 가치의 순서와는 관련이 없고 다만 지정된 순서일 뿐이에요. 국보든 보물이든 지정되지 않은 유물이든 저마다의 가치를 갖고 있어요.

청자 거북이모양 주전자(국보 96호)

청자 거북이모양 주전자(보물 452호)

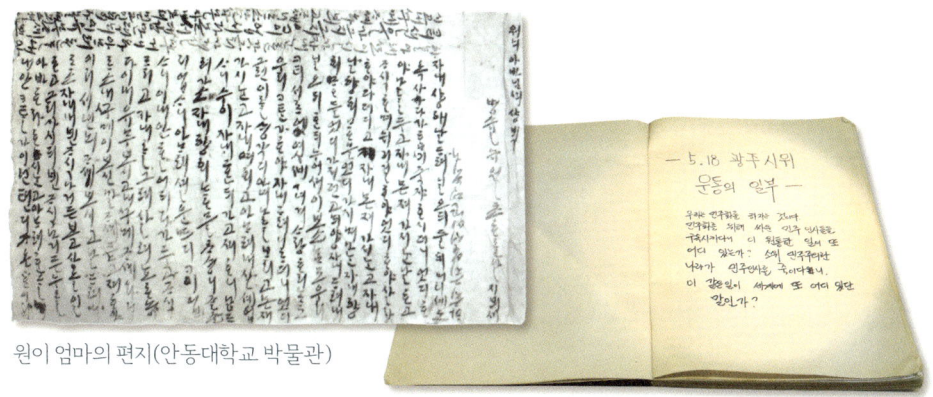

원이 엄마의 편지(안동대학교 박물관)

주소연의 5월 일기(5·18 민주화 운동 기록관)

　위 사진 속 편지를 볼까요? 1988년 경상북도 안동에서 한 무덤이 발견되었어요. 무덤의 주인공은 조선 사람 이응태로, 서른한 살의 나이에 세상을 떠났어요. 이응태의 가슴에서 부인인 원이 엄마가 쓴 편지가 발견되었어요. 원이 엄마는 남편에게 하고 싶은 말을 끊지 못해 여백까지 빼곡하게 글을 썼어요.

　"이 편지 자세히 보시고 내 꿈에 와서 당신 모습 자세히 보여 주시고 자세히 말해 주세요. 나는 꿈에서 당신을 볼 수 있다고 믿고 있으니 몰래 와서 보여 주세요. 하고 싶은 말 끝이 없어 이만 적습니다."

　이 감동적인 편지는 조선의 대표적인 편지 가운데 하나로 꼽혀요.

　한편 오래되지 않은 것이라도 당시의 상황을 잘 남긴 기록은 무척 소중해요. 오른쪽 사진의 공책은 1980년 5·18 민주화 운동 당시 주소연이라는 여고생의 일기장이에요. 이 일기는 유네스코 세계 기록 유산으로 등재되었어요. 원이 엄마나 주소연은 자신의 기록이 유물이나 기록 유산이 되리라고 상상조차 하지 못했을 거예요. 여러분이 쓴 편지나 일기도 훗날 이렇게 될 수 있지 않을까요? 후세 사람들은 여러분의 일기 옆에 어떤 설명을 붙일까요?

● 참고 도서 ●

『국립중앙박물관 100선』, 국립중앙박물관, 2006
국립중앙박물관 엮음, 『국립중앙박물관』,
(재)국립중앙박물관문화재단, 2007
김종엽·박찬희·배성호 지음, 『두근두근 한국사1·2』, 양철북, 2016
김태웅 외 지음, 『우리 역사, 어떻게 읽고 생각할까-국사자료 탐구활동 길잡이』, 아카넷, 2014
문화재청 엮음, 『문화유산 교육 이렇게 해 봐요-중등 교사를 위한 문화유산 교육 매뉴얼』, 눌와, 2009
박은봉 지음, 『한국사 편지1-4』, 책과 함께, 2009
배성호, 『우리가 박물관을 바꿨어요』, 초록개구리, 2016
역사문제연구소 기획, 『미래를 여는 한국의 역사1-4』, 웅진지식하우스, 2011
오명숙, 『내 아이의 즐거운 학교, 박물관』, 프리미엄북스, 2006
『미리 가 본 국립중앙박물관』, 한림북스, 2009
유홍준 지음, 『유홍준의 한국미술사 강의1-3』, 눌와, 2010-2013
이기백 지음, 『한국사신론』, 일조각, 2012
전국역사교사모임 지음, 『살아있는 한국사 교과서1·2』, 휴머니스트, 2002
최경석 지음, 『청소년 한국사 수첩』, 양철북, 2012
한국생활사박물관 편찬위원회 지음,
『한국생활사박물관1-11』, 사계절, 2000-2004

1. 박물관 건물에는 어떤 뜻이 담겨 있을까?
국립중앙박물관 엮음, 『국립중앙박물관 60년』, 국립중앙박물관, 2005
국립중앙박물관 엮음, 『국립중앙박물관 건축』, 국립중앙박물관, 2006
김봉열 지음, 『이 땅에 새겨진 정신』, 이상건축, 1999
〈경향신문〉 2005년 10월 11일 기사, [사람속으로] 국립박물관 설계 건축가 박승홍

2. 청자정은 누가 만들었을까?
김준혁 지음, 『이산 정조, 꿈의 도시 화성을 세우다』, 여유당, 2008
이기백 지음, 『우리 역사의 여러 모습』, 일조각, 1996
한국역사연구회 지음, 『고려시대 사람들은 어떻게 살았을까1』, 청년사, 1997
국립중앙박물관 누리집, 2009년 10월 28일 알림 기사, 〈한국 박물관 개관 100주년 기념 '청자정'(靑瓷亭) 제막식 거행〉

3. 전시는 어떻게 이루어질까?
『여민해락, 함께 즐거움을 나누다』, 국립중앙박물관, 2009
네이비드 긴 지음, 전승보 옮김, 『미술관 전시, 이론에서 실천까지』, 학고재, 1998
마이클 벨처 지음, 신자은·박윤옥 옮김, 『박물관 전시의 기획과 디자인』, 예경, 2006
전진성 지음, 『박물관의 탄생』, 살림, 2004

4. 반구대 암각화를 제대로 보려면 어떻게 해야 할까?
『울산 반구대 암각화』, 울산대학교박물관, 2000
국립중앙박물관 엮음, 『국립중앙박물관 전시 용어-미술사』, 국립중앙박물관, 2006
김호석, 「울산 대곡리 반구대 암각화 제작 순서에 대한 고찰」, 『동악미술사학』7호, 2006
이상목 지음, 『반구대 암각화 이야기』, 리젬, 2011
전호태 지음, 『울산의 암각화』, 울산대학교 출판부, 2005

5. 주먹 도끼는 어떻게 박물관에 왔을까?
『고려청자와 보물선-강진, 태안, 그리고…』, 국립해양유물전시관, 2008
『145년 만의 귀환, 외규장각 의궤』, 국립중앙박물관, 2011
국외소장문화재단 엮음, 『우리 품으로 돌아온 문화재』, 눌와, 2014
이희근 지음, 『고고학으로 만나는 구석기 사람들』, 평사리, 2015
전곡선사박물관 누리집

6. 빗살무늬는 왜 그렸을까?
『한국의 선·원사 토기』, 국립중앙박물관, 1993
브라이언 페이건 지음, 남경태 옮김, 『기후, 문명의 지도를 바꾸다』, 예지, 2007
이상균 지음, 『한반도의 신석기 문화』, 전주대학교 출판부, 2010
인병선 엮음, 『짚·풀로 엮은 바구니』, 짚·풀생활사박물관, 1996

7. 농경문 청동기에서 무엇을 읽어 낼 수 있을까?
『겨레와 함께 한 쌀』, 국립중앙박물관, 2000
『청동기시대 마을 풍경』, 국립중앙박물관, 2010
이영문 지음, 『고인돌 이야기』, 다지리, 2001
재레드 다이아몬드 지음, 김진준 옮김, 『총, 균, 쇠』, 문학사상, 2013

8. 고조선을 얼마나 알고 있을까?
김열규, 『한국 신화, 그 매혹의 스토리텔링』, 한울, 2015
동북아역사재단 엮음, 『고조선·단군·부여』, 동북아역사재단, 2015
송호정 지음, 『한국 고대사 속의 고조선사』, 푸른역사, 2003
이종욱 지음, 『한국사의 1막 1장 건국신화』, 휴머니스트, 2004
이주한 지음, 『한국사가 죽어야 나라가 산다』, 역사의 아침, 2013

9. 녹슨 철기를 다시 살려 볼까?
『한반도의 제철유적』, (사)한국문화재조사연구기관협회, 2012
강명관 지음, 『조선풍속사1』, 푸른역사, 2010
김재호 지음, 『생태적 삶을 일구는 우리네 농사연장』, 소나무, 2004
손명조 지음, 『한국 고대 철기문화 연구』, 진인진, 2012

10. 역사 지도를 어떻게 볼까?
김태식 외 지음, 『한국 고대 사국의 국경선』, 서경문화사, 2008
안주섭·이부오·이영화 지음, 『영토한국사』, 소나무, 2006
이병희 외 지음, 『고등학교 역사 부도』, 금성출판사, 2014
타케미츠 마코토 지음, 이정환 옮김, 『세계 지도로 역사를 읽는다』, 황금가지, 2001

11. 유물에 남아 있는 기록이 왜 중요할까?
강우방·곽동석·민병찬 지음, 『불교 조각1-삼국시대』, 예경, 2003
김병모 지음, 『김병모의 고고학 여행』, 고래실, 2006
문명대, 「고구려 재명 금동불상의 양식과 도상 해석의 과제」, 『관불과 고졸미』, 예경, 2003
장충식, 「연가칠년명 금동불상 재고」, 『동악미술사학』창간호, 2000
〈경향신문〉 1967년 10월 24일 기사, 〈국보 고구려불 도난〉
〈경향신문〉 2013년 12월 6일 기사, [서예로 찾은 우리미학](10) 연가칠년명금동여래입상 명문

12. 발굴은 백제 역사를 어떻게 바꾸었을까?
『나주 복암리 3호분』, 국립나주문화재연구소, 2006
『백제 사마왕-무령왕릉 발굴, 그 후 30년의 발자취』, 국립공주박물관, 2001
『백제 중흥을 꿈꾸다-능산리 사지』, 국립부여박물관, 2010
『왕궁리 발굴중간보고 V』, 국립부여문화재연구소, 2006
김태식 지음, 『풍납토성, 500년 백제를 깨우다』, 김영사, 2001
이건무 외 지음, 『천 번의 붓질 한 번의 입맞춤』, 진인진, 2009

13. 이 유물들의 고향은 어디일까?
『국립김해박물관』, 국립김해박물관, 2008
김경복·이희근 지음, 『이야기 가야사』, 청아출판사, 2010
김정완·이주헌 지음, 『철의 왕국 가야』, 통천문화사, 2006
박천수 지음, 『가야토기-가야의 역사와 문화』, 진인진, 2010
이건무 외 지음, 『천 번의 붓질 한 번의 입맞춤』, 진인진, 2009
KBS 역사스페셜 원작, 「가야 흥망의 블랙박스, 철갑옷」, 『역사스페셜1』, 효형출판, 2000

14. 우리나라에서 발견되었다고 우리가 만든 것일까?
『실크로드와 둔황-혜초와 함께하는 서역기행』, 국립중앙박물관, 2010
『유리, 삼천 년의 이야기-지중해·서아시아의 고대 유리』, 국립중앙박물관, 2012
무함마드 깐수 지음, 『신라·서역교류사』, 단국대학교 출판부, 1992
이영희, 「실크로드 유보-황남대총남분출토 봉수형유리병」, 『열린정신 인문학연구』 6집, 2005
KBS 역사스페셜 원작, 「로마 유리, 신라에 오다」, 『역사스페셜2』, 효형출판, 2001

15. 이 토기들은 뭐가 같고 뭐가 다를까?
『고대의 말-신성과 실용』, 국립제주박물관, 2002
『국보 기마인물형토기 신라 왕실의 주자』, 국립경주박물관, 2007
『되살린 우리 문화재』, 국립중앙박물관, 2003
『보존과학-우리 문화재를 지키다』, 국립중앙박물관, 2016
『영혼의 전달자-새·풍요·숭배』, 국립김해박물관, 2004
신인주, 「삼국시대 마형토기 연구」, 『단호문화연구』제12호, 2008
이한상 지음, 『국립중앙박물관에는 어떤 보물이 있을까?』, 토토북, 2010

16. 무엇이 역사 자료가 될까?
『금관총과 이사지왕』, 국립중앙박물관, 2014
『문자, 그 이후-한국 고대 문자전』, 국립중앙박물관, 2011
『발굴에서 전시까지』, 문화재청·국립중앙박물관, 2007
김기홍 지음, 『천년의 왕국 신라』, 창작과비평사, 2000

17. 두 수막새에는 어떤 연관성이 있을까?
국립문화재연구소 미술공예연구실 엮음, 『감은사지 동 삼층석탑 사리장엄』, 국립문화재연구소, 2000
『사천왕사』, 국립경주문화재연구소, 2009
정연식, 「선덕여왕의 이미지 창조」, 『한국사연구』147, 2009
조범환 지음, 『우리 역사의 여왕들』, 책세상, 2000

18. 석굴암은 정말 최고의 유물일까?
강희정, 「명작의 탄생-20세기 석굴암의 신화」, 『미술사와 시각문화』12, 2013
문명대 지음, 『토함산 석굴』, 한언, 2000
성낙주 지음, 『석굴암, 그 이념과 미학』, 개마고원, 2000
윤용이 지음, 『우리 옛 도자기의 아름다움』, 돌베개, 2007
이한상 지음, 『황금의 나라 신라』, 김영사, 2004
최순우 지음, 『무량수전 배흘림기둥에 기대서서』, 학고재, 1994
KBS 역사스페셜 원작, 「금관은 죽은 자의 것이었다」, 『역사스페셜1』, 효형출판, 2001

19. 낯선 발해와 친해지는 방법은?
김현희·윤상덕·김동우 지음, 『고대문화의 완성 통일신라·발해』, 통천문화사, 2005
동북아역사재단 엮음, 『발해의 역사와 문화』, 동북아역사재단, 2007
송기호 지음, 『발해를 다시 본다』, 주류성, 1999
KBS 역사스페셜 원작, 「대륙의 제국 발해」, 『역사스페셜4』, 효형출판, 2002
KBS 역사스페셜 원작, 「발해는 왜 동해를 건넜나」, 『역사스페셜1』, 효형출판, 2000

20. 지도와 유물로 개성 여행하기
『고려시대를 가다』, 국립중앙박물관, 2009
이강한 지음, 『고려와 원제국의 교역의 역사』, 창비, 2013
이현군 지음, 『옛 지도를 들고 우리역사의 수도를 걷다』, 청어람미디어, 2012
한국역사연구회 지음, 『개경의 생활사』, 휴머니스트, 2007

21. 고려청자는 누가 만들고 누가 썼을까?
『천하제일 비색청자』, 국립중앙박물관, 2012
박소현, 「'고려자기'는 어떻게 '미술'이 되었나」, 『사회연구』11호, 2006
윤용혁, 『고려대몽항쟁사연구』, 일지사, 1991
이정신 지음, 『고려시대의 특수행정구역 소연구』, 혜안, 2013
이충렬 지음, 『간송 전형필』, 김영사, 2010

22. 부처가 절에 가면 어떤 모습일까?
국립중앙박물관 지음, 『야단법석, 부처님박물관』, 나는책, 2015
강난숙 지음, 곽재연 그림, 『동자승이랑 절 구경 가요』, 웅진주니어, 2016
문명대 지음, 『한국미술의 형식』, 한언, 2002
문명대 지음, 『한국불교미술사』, 한언, 2002
허균 지음, 『사찰 100미 100선 상·하』, 불교신문사, 2007

23. 이 유물들은 어떤 관계일까?
규장각한국학연구원 엮음, 『조선 사람의 세계여행』, 글항아리, 2011
박종기 지음, 『고려사의 재발견』, 휴머니스트, 2015
이진한 지음, 『고려시대 무역과 바다』, 경인문화사, 2014
이한수 지음, 『고려에 시집온 칭기즈칸의 딸들』, 김영사, 2006
KBS 역사스페셜 원작, 「'미스 고려' 기 황후, 대원제국을 장악하다」, 『역사스페셜5』, 효형출판, 2003
KBS 역사스페셜 원작, 「700년의 사랑, 공민왕릉」, 『역사스페셜4』, 효형출판, 2002

24. 동궐도 재미있게 보기
국립고궁박물관 엮음, 『창덕궁 깊이 읽기』, 글항아리, 2012
안휘준 외 지음, 『동궐도 읽기』, 문화재청, 2005
오주석 지음, 『오주석의 한국의 미 특강』, 솔, 2003
최종덕 지음, 『조선의 참 궁궐 창덕궁』, 눌와, 2006

25. 왜 책을 이렇게 많이 전시했을까?
『사농공상의 나라 조선』, 국립중앙박물관, 2010
강명관 지음, 『책벌레들 조선을 만들다』, 푸른역사, 2007
규장각한국학연구원 엮음, 『조선 양반의 일생』, 글항아리, 2009
김한종 지음, 『학교는 언제 처음 생겼나요』, 책과함께, 2016
이성임 외 지음, 『일기를 통해 본 조선 후기 사회사』, 새물결, 2014
정춘수 지음, 『논어를 읽기 전』, 부키, 2013

26. 앙부일구는 어떻게 변해 왔을까?
강명관 지음, 『조선에 온 서양 물건들』, 휴머니스트, 2015
신동원 지음, 『한국 과학사 이야기1-3』, 책과함께, 2010-2012
윤용현 지음, 『전통 속에 살아 숨 쉬는 첨단 과학 이야기』, 교학사, 2012
전상운 지음, 이상규 그림, 『돌도끼에서 우리별3호까지』, 아이세움, 2008
홍선표 외 지음, 『근대의 첫 경험』, 이화여자대학교 출판부, 2007

27. 임진왜란에 대해 더 자세히 알고 싶다면?
『동래읍성과 임진왜란-(재)경남문화재연구원 10주년기념학술대회』, (재)경남문화재연구원, 2008
『동래읍성 해자Ⅰ』, 부산교통공단·경남문화재연구원, 2008
『임진왜란』, 부산박물관, 2012
국립진주박물관 엮음, 『새롭게 다시 보는 임진왜란』, 국립진주박물관, 1999
국립진주박물관 엮음, 『싸워 죽이는 쉬워도 길을 빌려주기는 어렵다』, 혜안, 1999
김종광 지음, 장선환 그림, 『임진록』, 창비, 2008
유성룡 지음, 김흥식 옮김, 『징비록』, 서해문집, 2014
정두희·이경순 함께 엮음, 『임진왜란 동아시아 삼국전쟁』, 휴머니스트, 2007

28. 조선 후기 사람들은 어떻게 살았을까?
『조선시대 풍속화』, 국립중앙박물관, 2002
규장각한국학연구원 엮음, 『놀이로 본 조선』, 글항아리, 2015

강명관 지음, 『조선의 뒷골목 풍경』, 푸른역사, 2003
방병선 지음, 『순백으로 빚어낸 조선의 마음, 백자』, 돌베개, 2002
안대회 지음, 『조선을 사로잡은 꾼들』, 한겨레출판, 2010
조광 지음, 『조선후기 사회의 이해』, 경인문화사, 2010

29. 대동여지도를 가지고 놀아 볼까?
『대동여지도에 길을 묻다』, 대동여지도 150주년 기념 학술사업 준비위원회, 2011
『한국의 옛 지도』, 문화재청, 2008
이태호 지음, 『옛 화가들은 우리땅을 어떻게 그렸나』, 생각의나무, 2010
장상훈 지음, 『박물관에서 대동여지도를 만나다』, 국립중앙박물관, 2007

30. 박물관에는 어떤 유물이 전시될까?
『대한제국의 역사를 읽다』, 국립중앙박물관, 2016
『100년 전의 기억, 대한제국』, 국립고궁박물관, 2010
교수신문 엮음, 『고종황제 역사 청문회』, 푸른역사, 2005
전봉관 지음, 『제국의 황혼-대한제국 최후의 1년』, 21세기북스, 2011
한영우 외 지음, 『대한제국은 근대국가인가』, 푸른역사, 2006
KBS 역사스페셜 원작, 「조선판〈사랑과 영혼〉-4백 년 전의 편지」, 『역사스페셜3』, 효형출판, 2001

● 사진 제공 ●

경남문화재연구원 발굴된 동래읍성 해자 | 고려대학교 박물관 동궐도, 혼천의 및 혼천시계 | 국립경주문화재연구소 발굴 당시 사천왕상전 | 국립경주박물관 복제품으로 술을 따르는 모습, 말 탄 무사 모양 주전자, 금령총 발굴 당시 모습 | 국립고궁박물관 『조선왕조실록』 특별전 포스터 | 국립김해박물관 집모양 토기 | 국립문화재연구소 복암리 3호분 발굴 모습, 개성 고려 궁성 발굴 모습 | 국립민속박물관 서산 | 국립부여문화재연구소 왕궁리 화장실 유적 | 국립부여박물관 금동 관음보살 입상, 백제 창왕명 석조사리감, 백제 금동대향로 | 국립중앙박물관 청자 상감모란무늬 항아리, 청자 상감 동화 포도동자무늬 조롱박모양 주전자와 받침, 수레바퀴모양 토기, 경국대전, 금동 관음보살 좌상, 팔주령, 설법하는 네 부처, 백자 칭화 구름용무늬 항아리, 진주 대쾡리 정홍기 시대의 밭, 《단원 풍속도첩》, 삼국유사, 〈돌 깨기〉, 「연가 칠년」이 새겨진 금동불 입상, 원오리 터 보살 입상, 「호우」글자가 있는 청동 그릇, 호우총 발굴 당시 모습, 금동 약사불 입상, 금동 반가사유상(국보 78호, 국보 83호), 굽다리 접시, 집모양 토기, 사슴이 있는 구멍단지, 황남대총 북분 은잔, 기마인물형 토기-주인상, 기마인물형 토기-하인상, 삼국사기, 신라 금관총 금관 및 금제 관식, 송도 전경, 몽주 운명, 정몽주 초상, 책거리 그림, 서당, 소과 응시, 삼일 유가, 금강내산총도, 청자 거북이모양 주전자(국보 96호, 보물 452호) | 국립중앙박물관 보존과학과 기마인물형 토기 조각들, 기마인물형 토기 복제 모습, 최치원 영정 적외선 사진, 최치원 영정 엑스레이 사진 | 국립해양문화재연구소 주꾸미가 건져 올린 청자 접시 | 국토지리정보원 대한민국전도 | 대성동 고분박물관 29호 무덤과 39호 무덤 내부 복원 모습 | 동북아문화재단 안악 3호분 행렬도, 아프로시압 궁전 벽화, 크라스키노 발해성 유적 저장 구덩이, 편병, 청동 낙타상 | 문화재청 석굴암 석굴, 우량계 | 서울대학교 규장각 개성부 지도 | 서울역사박물관 수선전도 | 육군박물관 동래부순절도 | 연합뉴스 국립중앙박물관 개관 인파, 『외규장각 의궤』의 귀환을 축하하는 행사, 경주 사라리 130호 무덤, 성류굴 금석문

구석구석 박물관 - ❶ 국립중앙박물관 역사관

1판 4쇄 발행 2019년 9월 10일 | 1판 1쇄 발행 2017년 4월 10일
글 박찬희 | 그림 장경혜 | 표지 및 본문디자인 하늘·민 | 책임편집 김연희 | 사진 제공 박찬희
펴낸이 임중혁 | 펴낸곳 빨간소금 | 등록 2016년 11월 21일(제2016-000036호)
주소 (04044)서울시 마포구 양화로8길 17-9, 2층 | 전화 02)916-4038
팩스 0505-320-4038 | 전자우편 jioim99@hanmail.net
ISBN 979-11-959638-5-0 979-11-959638-4-3(세트) 74910

※ 책값은 뒤표지에 있습니다.

어린이제품안전특별법에 의한 제품 표시
제조자명 빨간소금 **주소** 서울시 마포구 양화로8길 17-9, 2층
전화번호 02)916-4038 **제조연월일** 2017년 4월
제조국 대한민국 **사용연령** 8세 이상
KC마크는 이 제품이 공통안전기준에 적합하였음을 의미합니다.
⚠ **주의** 책 모서리에 다치지 않도록 주의하세요.